KB090986

결혼하길 참 잘했다

결혼
하길
참
잘했다

박미향 지음

BM (주)도서출판 성안당

결혼과 비혼 사이에 있는
이들에게

"똑똑한 여자가 결혼한다."

아니, 적어도 내 경우에는 결혼한 것이 정말 똑똑한 결정이었다고 말하고 싶다. 그렇다고 결혼하지 않은 여자가 똑똑하지 않다는 의미는 절대 아니다. 또한 결혼이 똑똑함 여부를 결정하는 기준이 아니라는 것도 알고 있다.

하지만 나는 결혼한 이후, 스스로 그전보다 가치 있게 살고 있다고 믿는다. 그렇기 때문에 "똑똑한 여자가 결혼한다."라고 자신 있게 말할 수 있는 것이다.

요즘은 비혼주의자가 많고, 결혼을 할까 말까 고민하다 나이가 들어 결혼 적령기를 놓치는 사람도 많다. 예전에는 결혼이 필수과목이었지만, 이제는 선택과목이 되어 버렸다.

우리나라는 출산율 세계 꼴찌라는 오명을 쓴 지 오래되었고, 2020년 이후 3년째 우리나라 인구는 해마다 감소하고 있다. 지금의 추세대로라면 고령 사회를 넘어 2026년경에 초고령 사회로의 진입이 예상된다. '초고령 사회'란 전체 인구 중에서 65세 이상이 차지하는 비중이 20%를 넘는 사회를 말한다.

결혼하지 않으니 아이를 낳지 않고, 결혼하더라도 한두 명의 자녀를 두는 경우가 많다 보니 인구 절벽 문제에 부닥치며, 노인 문제 등의 사회적 문제가 발생하고 있는 것이 우리나라의 현실이다.

왜 결혼하지 않을까? 결혼하지 않는 이유는 개인에 따라 다르겠지만, 경제적 문제가 큰 원인이리라. 특히 여자의 경우 출산과 육아 문제와 시댁과의 불편한 관계, 경력 단절 등 결혼에 대한 부담은 더 클 수밖에 없다.

그런데도 결혼하는 여자는 여전히 많다. 그 이유는 결혼하지 않는 여자가 불편해하는 그런 것을 감수하고라도 할 만한 가치가 분명히 있기 때문이다. 그것이 사랑일 수도 있으며, 혼자라는 외로움에서 벗어나기 위함일 수도 있으며, 경제적인 안정을 바라기 때문일 수도 있으며, 행복한 삶을 영위하기 위함도 있을 것이다. 결혼하지 않은 이유가 많은 만큼 결혼하는 이유 또한 천차만별이다.

"결혼은 해도 후회, 안 해도 후회."라는 말이 있다. 결혼하는 것과 하지 않는 것에는 큰 차이가 있다. 결혼 안 하면 독신녀, 하면 유부녀, 결혼했다가 헤어지면 이혼녀가 된다.

독신녀는 인간이 가진 근원적인 외로움 속에서 살게 될 것이고, 이혼녀는 이혼의 아픔을 가지고 살게 될 것이다. 물론 아픔의 색깔과 농도에 따라 다를 수는 있겠지만, 나는 그래도 세상에 태어나 한 번뿐인 인생을 살면서 행복한 시절을 가져 보는 것이 홀로 살다 죽는 것보다 더 낫다고 생각한다.

게다가 기혼자 모두가 이혼을 선택하는 것이 아니다. 결혼하여 지지고 볶고 살더라도 대부분의 유부남, 유부녀들은 외로움보다는 더 큰 행복을 경험한다. 그 행복감은 누려 보지 못한 사람은 절대 알 수 없다.

나는 결혼 8년 차에 아들을 한 명 둔 워킹맘이다. 오늘 아침에도 남편과 일곱 살 난 아들은 거실에서 깔깔거리며 놀고 있다. 그 모습을 보며 맛있는 식사를 준비한다. 적당한 햇볕의 채도가 아파트

거실을 환하게 밝힌다. 전기밥솥은 치익치익 열심히 돌아가고 호박나물을 볶는 냄새가 기막히게 좋은 아침 풍경.

텔레비전 아파트 광고에나 나올 법한 평안하고 행복한 분위기이다. 이럴 때면 결혼하길 정말 잘했다는 생각이 든다. 내가 결혼하지 않았다면 지금 뭘 하고 있을까? 또 어떤 모습일까?

결혼한 것은 정말 똑똑한 결정이었다. 물론 결혼했다고 해서 모두 행복하고 좋은 일만 생기는 것은 아니다. 새삼 언급하지 않더라도 결혼의 장단점은 누구나 어느 정도 알고 있을 것이다. 하지만 모든 일이 그러하듯 자기 하기 나름이다. 배우자 선택에서부터 육아와 일을 똑똑하게 한다면, 결혼은 인생이라는 정원에 향기로운 행복이라는 꽃을 피워 줄 것이다.

이 책에는 결혼하여 워킹맘으로 살아가는 나의 이야기가 담겨 있다. 결혼은 필수가 아닌 선택이다. 결혼 때문에 고민하는 사람이 있다면, 이 책을 읽는 것이 자신의 선택에 도움이 될 거라고 생각한다.

인문학 카페 '이야기 끓이는 주전자' 대표
박미향

*'퀘렌시아'란 스페인어로 '안식처'라는 뜻이다. 투우의 나라 스페인에는 투우장 한 편에 사람들의 눈에 띄지 않는 구역이 있다. 투우사와 싸우다 지친 소가 숨을 고르며 안식을 취하는 곳, '퀘렌시아'이다. 넓은 의미로 는 삶에 지친 사람들이 쉴 수 있는 자신만의 안식처를 말한다.

1

똑똑한 여자가
결혼에 성공한다

누군가를 알게 되고, 좋아하게 되고, 같은 길을 가고 싶은 감정. 우리는 이를 '사랑'이라고 말한다. 이 사랑은 '결혼'이라는 이름으로 다가온다. 사랑 그리고 결혼을 이성적으로 다룬다는 것은 어렵겠지만, 사랑과 결혼 앞에서 우리는 좀 더 현명할 필요가 있다.

똑똑한 여자는
결혼을 한다

결혼은 화려하게 모든 것을 갖추고 시작하려는 마음보다는
만들어 가는 것

조금은 부족해도 함께 만들어 가는 것이 현명하다.

모든 것이 완벽한 그날은 어찌 보면 오지 않을 수도 있다.

그 두려움을 없애고 사랑하는 남자와 결혼할 용기를 내자.

용기를 내는 여자가 현명한 여자다.

그래서 똑똑한 여자는 결혼하는 것이다.

결혼하겠다는 현실적인 마음을 먹고 여러 조건 중 내가 정한 우선순위에 가장 적합한 남자가 지금의 남편이다. 수더분한 외모에 수줍은 듯한 말투가 마음에 들었다.

진실하고 착한 남자임이 분명했다. 꿈의 직장이라 불리던 삼성 그룹의 SDS 수석이었다. 잠시 프로젝트로 서울에서 내려온 지인의 소개로 만나게 되었다.

아직도 생각난다, 처음 만났을 때의 남편 모습이. 노총각이었던 그는 깨끗하게는 입었지만, 왠지 모르게 촌스러워 보였다. 그리고 앞 머리도 탈모가 있는지 원래 대머리 유전이 있었는지 훤히 들여다보일 정도로 빠져있어 나이보다 한 10년은 더 늙어 보였다. 말주변도 별로 없어 씩 웃기나 했지, 여자를 꾀는 재주라고는 전혀 없어 보였다.

나는 남자가 옷 잘 입고 빤지르르한 스타일을 싫어하는 편이다. 그래서 그런 수더분하고 왠지 모를 촌스러운 외모와 안정적인 직장 이 마음에 들었다.

그는 그야말로 나를 보곤 입이 귀에 걸렸다는 말이 딱 어울렸다. 지인에게 "이렇게 이쁜 동생 있으면 진작 소개해 주지 그랬냐." 라며 싱글벙글이었다.

우리는 술 한잔하며 훈훈한 자리를 이어 나갔다. 하지만 그날의

분위기와는 달리 다음 날도 그다음 날도 그에게서 연락이 오지 않았다. 그렇게 일주일이 지났다.

첫 소개의 만남에 전화번호를 교환했기에 연락이 먼저 오리라 생각한 게 나의 착각이었을까. 그를 너무 만만히 봤을 수도 있다는 생각에 슬쩍 먼저 문자를 보냈다.

"안녕하세요. 잘 지내시죠? 바쁘신가 봐요. 혹시 모르실까 봐, 저 맛있는 밥도 잘 먹고 영화도 볼 줄 안답니다. ^^"

이건 누가 봐도 여자의 작업형 문자이다. 여자가 먼저 데이트 신청을 하는데 안 넘어올 남자가 어디 있겠는가. 그것도 노총각인데. 그러나 대답이 영 실망스러웠다.

"안녕하세요. 먼저 연락을 드린다는 것이 바빠서 못 보냈네요. 행복한 하루 보내세요."

헉, 대실망! 답신은 단답형.

'행복한 하루 보내세요는 접대용 문자 아닌가?'

어떻게 된 영문인지 모르고 실망했다. 하지만 마음을 다잡고 이모티콘을 추가하여 다시 문자를 보냈다.

"제가 밥은 안 먹어도 되지만 보고 싶은 영화가 끝나버리면 어쩌나 너무 걱정되어서요. ^^"

그때가 추석쯤이어서 재미있는 영화를 많이 하는 시즌이었다. 그리고 첫 만남 당시 영화를 보자고 이야기가 나왔기에 문자를 보내보았다.

"네, 일정 한번 보고 연락드릴게요. 즐거운 오후 보내세요."

헉, 이번에도 충격이다. 또 단답형이다. 이번에는 "즐거운 오후 보내세요." 보험회사 영업사원이 보낼 법한 전형적인 접대용 문자. 내가 영업을 하려고 문자 보낸 것도 아닌데, 이건 뭐지? 기분이 나빠지려고 했다.

그러나 다른 남자들처럼 이모티콘과 여자를 꼬시기 위한 화려한 문체의 문자가 아니어서 좋기도 했다. 마음을 추스르고 그를 맞이하려 했지만, 더 많은 난관이 기다리고 있었다. 그 난관을 겨우 극복하고 나서야 우리는 첫 데이트 약속을 잡을 수 있었다.

문자를 몇 통 더 주고받고 주말에 영화를 보러 가기로 약속한 후, 드디어 그날이 왔다. 첫 데이트라 그가 나를 데리러 우리 집 앞까지 왔다.

여자가 속물인지, 내가 속물인지 모르겠지만 그의 차를 보고 깜짝 놀랐다. 생각보다 너무나 허름하고 구형이어서 표정 관리나 잘 되었는지 모르겠다. 영화가 하나도 눈에 들어오지 않았다. 차를 보면 그 남자의 경제적 수준을 알 수 있다고 했는데 그의 차는 구형에다 소형차였다.

'나이 마흔에 소형차라⋯⋯. 그것도 겨우 굴러가는 듯한.'

안에 타서 보니 구형 중에서도 아주 옛날 모델이었다. 기어도 오토매틱이 아닌 수동이었다. 최근 타 본 차 중에 그런 구형 차는 없었다.

시간이 좀 지나고 진지하게 사귈 때도 불편한 점이 한둘이 아니었다. 차 안에서 손을 잡을 수도 없었다. 변속한다고 손이 바빴기 때문이었다. 이 시대에 아직 이런 수동 차를 이용하는 사람이 또 있을까 싶었다.

나는 고물차를 탈 때마다 기분이 좋지 않았지만, 생각을 고쳐먹으려고 애를 썼다. 눈을 감고 속으로 되뇌고 또 되뇌었다. 이것은 인내가 아닌 명상 수준이었다.

"차는 돈만 있으면 바꾸면 되고, 옷은 결혼하고 내 맘에 드는 걸로 새로 사 입히면 되는 법! 하지만 사람의 성격은 바꾸기 힘든 것이니 이 사람의 가장 좋은 성격만 생각하자. 중요한 건 사람! 사람! 그러니 괜찮다. 괜찮다. 괜찮다."

주문 외듯 나를 위로했다. 남편의 주변 모든 것이 마음에 들지 않았지만, 사람만 보기로 했다. 지금 그의 모습은 초라하지만 얼마든지 바꿀 수 있는 것임을 알고 있었고, 사람만 좋으면 된다고 생각했기 때문에 문제 삼고 싶지 않았다. 그러나 자꾸 신경이 쓰이는 것은 어쩔 수 없었다. 촌스럽고 불편한 어설픈 그런 것들이.

겉모습과 차는 그렇다 치더라도 나를 여러 날 고민하게 만들었던 사건이 있었다. 둘이 함께 소주 한잔하던 어느 날, 남편은 자신의 남은 빚 이야기를 꺼내더니 '집 살 돈이 한 푼도 없다'고 고백했다. 주식으로 10년 넘게 벌어 놓은 돈을 다 날렸고, 그것을 복구하기 위해 무리하게 더 많은 주식을 사들이느라 빚까지 졌다는 것이다. 정신을 차리고 그 사실을 가족에게 알리고는 '월급 대부분으로 빚을 갚고 있으며 거의 끝나 간다'고 했다. 돈이 없는 것까지는 괜찮았지만, 빚이 있다는 남편의 말은 괜찮지 않았다.

'주식? 뭐야. 주식 잘못하면 쫄딱 망해서 패가망신한다더니만. 그거 중독이라던데 괜찮은 거야? 내가 사람을 잘못 봤나? 저 나이에 집도 한 채 없이 빚까지 있다는 건 좀 아닌 거 아니야?'

처음에는 이렇게 단정했다.

나의 표정을 읽었는지 남편은 초조한 눈빛과 떨리는 목소리로 말했다.

"미향 씨, 지금은 정말 후회하고 몇 년 동안 열심히 일해서 빚도 거의 다 갚았어요. 이런 사정 때문에 제가 아직 결혼도 못 하고 있었죠. 얼마 전까지만 해도 결혼할 생각도 없었지만 미향 씨 만나고 정말 마지막 욕심이 생겼어요. 회사에서 대출받으면 조그만 집은 살 수 있을 거예요."

이제야 그의 차가 왜 소형에 구형인지, 그 촌스러운 옷들은 왜 입고 다녀야만 했는지, 좋은 직장에 다니면서 왜 아직 결혼도 못 하고 있었는지 모든 것이 이해되는 순간이었다.

정말 많이 고민되었지만, 열심히 사는 남편이 더 믿음직스러웠다. 돈 많다고 우쭐대는 남자보다 솔직하게 고백해 준 남편이 좋았다.

다시는 주식을 하지 않겠다는 약속과 다짐을 받고 의기투합하여 우리는 결혼에 골인하였다. 사실 나도 엄마가 돌아가신 이후 가세가 기울어 형편이 어려워진 상황이었고, 부모님께서 해주신 시울에 있는 전세금도 다 날려 먹은 경험이 있었다.

비슷한 우리의 처지를 서로 이해하며 앞으로 열심히 살아보자고 결의를 다졌다. 그리고 현재 결혼 후에도 각자의 필드에서 열심히 일하며 살아가고 있다.

결혼을 결심하기까지 많은 고민이 있었던 것은 사실이다. 하지만 나의 선택은 정말 현명했다고 생각한다.

그의 말대로 대출을 받아 우리 생애 첫 번째 집을 샀다. 물론 비싼 이자를 내야 했고 그 돈만큼 외식도 줄이고 사고 싶은 물건도 못 사긴 했지만, 내 집이 생겼다는 기쁨은 매우 컸다. 드디어 우리 집이 생긴 것 아닌가.

우리는 그렇게 3년을 열심히 빚도 갚고 이자도 내며 첫 신혼집에 살았고, 함께 착실히 모은 돈을 합쳐 곧바로 지금 사는 60평대의 주상복합 아파트로 이사했다.

거실 앞 풍경은 푸른 공원이 훤히 내려다보이는 전망 좋은 곳이다. 비싼 이자를 내야 했지만, 이사 온 지 얼마 지나지 않아 집값이 꽤 많이 올랐다. 재테크를 하려고 산 집은 아니었지만, 집값이 오르니 든든했다.

우리는 그렇게 자산을 조금씩 불려 가며 행복하게 살고 있다. 시류를 타서 남편의 차도 두 번이나 업그레이드했다. 남편은 비싼 차 타는 것을 부담스러워했지만, 구형 소형차에서 중형차로 업그레이드 했고, 이어 남자들의 로망인 대형 SUV를 내 회사 법인카드로 사주었다. 물론 나의 차는 더 좋은 외제차로 업그레이드되었다.

집을 넓혀 비싼 이자를 더 내고 있고 차 할부금도 많이 내고 있지만 어떤가? 빚도 자산이라는데. 좋은 집에 살고 있고 사고 싶은 물건을 자유롭게 살 수 있으며 좋은 차를 타고 출근할 수 있는 건 모두 결혼했기에 가능한 일이었다.

우리는 지금도 서로 의지하며 열심히 살고 있다. 서로가 믿고 사랑했기에 8년이란 세월 동안 많은 것을 해낼 수 있었다. 우린 정말 아무것도 없었다. 결혼하고 열심히 달려온 결과 우리의 보금자리가 생겼고, 먹고살 만한 여유가 생긴 것이다.

우리에게는 재산만 늘어난 것이 아니다. 가장 소중한 우리의 아이가 태어났다. 아들과 함께하는 시간은 세상 무엇과도 바꿀 수 없을 정도로 소중하다.

물론 결혼생활을 하면 희생해야 하는 부분도 생각보다 더 많다. 후회스럽기도 하고, 내 삶을 송두리째 빼앗긴 느낌마저 들 때도 있다. 그렇지만 결혼했기에 누릴 수 있는 행복한 감정과 안정된 삶을 나는 너무나 사랑한다.

결혼을 고민하는 이유로 경제적인 이유를 많이 꼽는다. 무일푼으로 시작한 우리처럼 부부가 함께 힘을 모으면 훨씬 더 빨리 경제적인 안정을 이룰 수 있다고 생각한다.

한 번뿐인 인생, 시작도 하기 전에 불완전한 미래가 무섭고 부담이 될지도 모른다고 포기한다면 인생 자체가 의미가 없는 것이 아닐까? 어떤 선택을 하더라도 미래는 누구에게나 불확실하다. 어찌 보면 그런 불확실한 것을 확실하게 만들어 가는 것이 삶의 여정이 아닐까? ✦

남녀 관계,
결혼의 딜레마

결혼은　결혼이란 나를 깎아 상대를 들어오게 만드는 일이다.
톱니바퀴

결혼하기 전의 남자와 여자는 하나의 원이라 할 수 있다.

두 개의 원이 만난다면 접점을 찾기가 어려워

미끄러질 수밖에 없다.

자신을 상대에게 맞게 깎는 행위가 필요하다.

자신을 깎는다는 것은 쉬운 일이 아니다.

하지만 필연직으로 해야만 한다.

한 사람만 깎아서는 안 된다.

둘 다 자기를 깎아 빈 곳을 만들어야만

상대가 들어올 수 있다.

톱니바퀴처럼 되어야 서로 맞물려 돌아갈 수 있게 된다.

요즘 젊은 사람들 중에는 비혼주의를 내세우는 경우가 많다. 연애는 즐기되 결혼은 하지 않겠다는 이야기이다. 사귀는 것은 가볍게 할 수 있지만, 결혼은 절대 가볍지 않다. 잘 사귀다가도 결혼 이야기가 나오면 복잡해지는 것이 현실이다. 여자도 남자도 생각이 많아지게 되는 순간이기도 하다. 많은 생각을 하다 결국 피해 버린다.

'이제까지 결혼하지 않고도 잘 살아왔는데, 뭐.'

'결혼해서 실패하면 어떡하지. 두려워…….' 하며 비혼주의를 유지하는 경우가 많다.

나는 남자를 많이 사귀어 본 것은 아니지만, 결혼하고서야 알게 된 것이 있다. 결혼하지 않거나 못 하는 사람에게는 공통된 룰 같은 것이 있다는 것을.

'왜 저 커플은 결혼까지 못 하게 되는지 보인다!'라고 해야 하나. 룰은 간단하다. 잘난 여자는 잘난 남자를 만나고 싶어 하고, 잘난 남자는 잘난 여자를 만나고 싶어 한다는 것이다.

너무나 단순하고 당연한 이야기 같지만, 생각보다 이성을 선택하는 데 있어 엉뚱한 선택을 하는 경우가 많다. 내가 가지지 못한 정반대의 성격에 끌려 배우자를 선택하거나, 나와 너무 비슷한 성격에 매료되어 잘못된 선택을 하기도 한다.

그러나 결혼을 전제로 한 연애는 선택부터가 꽤 까다롭게 진행된다. 연애를 잘 하다가도 결혼 이야기가 나오면 상대방을 재검토해 보게 되는 경향이 있다. 이러한 우리의 태도와 시선은 피할 수 없는 결혼의 관문이다.

아무리 '난 조건 따지는 사람 아니야!', '조건 같은 건 안 봐.'라고 하지만, 이것은 찰나의 순간에 진행되는 동물적 직감이며, 생존본능이다. 좋은 조건, 나와 맞는 조건, 끼워 맞추기라 할시라도 우리는 각자의 삶에서 중요하게 생각하는 우선순위가 있다. 나름의 등급을 매겨놓고 대상을 평가하기도 하는 자동 직감 시스템 같은 것이다.

결혼을 못 하는 사람도, 헤어진 남녀도 모두 이런 단순한 논리와 감정에 적합하지 못해 헤어짐을 결심하거나 이별을 당하는 것이다.

내가 성격이 좀 강하면 부드러운 사람을 만나고, 내가 성격이 약하면 강한 사람을 만나 보완하면 좋은데 우리는 어리석게도 그렇지 못하다. 강한 사람은 더 센 사람을 만나 피 터지게 싸우며, 약하고 소심한 사람은 더 소심한 사람을 만나 씻지 못할 상처를 받은 채 고통 속에서 살아간다.

나 또한 이런 룰에 벗어남이 없었다. 결혼 전 나름 인기가 있었고 사람들에게 호감형이라는 말을 종종 들었다. 남자 보기를 우습게 여기고 콧대 높은 여자인 척 남자를 골라가며 사귄 적도 있다.

그래서 나름 '사' 자들과도 사귀었지만 번번이 실패를 경험해야만 했다. '사' 자란 의사, 교수, 변호사, 회계사처럼 전문 직종에 일하는 사람을 말하며, 이들은 소개팅 1순위이다. 미술 전공이었던 나는 주변 친구들이 이런 직군의 사람과 결혼을 많이 해서 자연스레 그들을 소개받을 기회가 많았다. 그들은 하나 같이 매너는 좋았지만, 관계가 깊어질수록 이해할 수 없는 그들만의 잘난 척과 오만함이 있었다. 그들의 리그에서 그들은 최고임을 인정받아야 하고 떠받들어 주기를 원했다.

어느 날, 술을 한잔하고 집에 들어가는 길에 사소한 말다툼이 있었다.

그가 나에게 "너 이러면 나 못 만나!"라고 하기에 반박했다.

"내가 뭘 어쨌다고! 못 만난다니, 그게 무슨 말이야? 내가 뭘 잘못했다는 말이지? 우리 사이에 이런 말도 못 해?"

그는 놀라는 눈치였다. 한 번도 이렇게 말하는 여자를 못 봤다는 듯 그가 말했다.

"나는 너 이렇게 따지고 드는 것 정말 싫어. 피곤해. 네가 나를 이해해야지, 그래야 우리가 만날 수 있어. 일하는 것도 피곤한데, 여자까지 피곤하게 만나고 싶지 않아."

이 무슨 개뼈다귀 같은 소리란 말인가. 조선 시대 양반도 아니고, 여자가 무조건 남자를 맞춰줘야 한다는 식의 말에 나는 자존심이 상했다. 그는 자기와 만나는 것이 뭔 벼슬이라도 되는 양 이야기했다.

"너 이러면 나 못 만나."라는 말은 이성을 잃게 했다. 너무 황당해서 반박했지만 소용없었다. 그는 달래주거나 미안하다는 말도 없이, 고작 한숨 몇 번 쉬는 것이 전부였다. 그렇게 이별의 아픔도 없이 그와는 헤어졌다.

어릴 적부터 귀하게 자란 부잣집 도련님, 나름 잘난 '사' 자들, 자수성가해 돈 많은 대표님들. 이들과 적잖은 만남의 기회가 있었지만, 이런 경험을 몇 번 하고 나니 그들과의 만남은 오래 지속되지 못했다. 물론 그중에는 배려심 많고 좋은 사람들도 많이 있겠지만, 나에게 그런 행운은 주어지지 않았다. 지금 생각해 보면 그들의 잘난 척하는 태도와 오만함 같은 것이 내 안에도 똑같이 존재하고 있었다. 그러니 안 맞을 수밖에.

그들은 강한 사람들이었다. 어찌 되었든 어려운 고시 전쟁에서 몇 년 동안 고생해 승리한 의지의 사나이들이 아니던가. 온순하고 소심한 성격일지라도 그들은 내면이 강한 사람들이었다. 나 또한 내면이 강한 성격의 소유자이니 서로를 맞출 생각이 없었던 것이다.

영화에서는 큼직한 뿔테안경을 쓴 못생긴 남자가 싸가지 없는 예쁜 여자에게 온갖 수모를 당하면서도 졸졸 따라다니며 그녀를 위해 모든 것을 다 해주곤 한다. 마치 그런 식의 사랑을 원하는 듯, 그들은 당당한 여성보다는 자신을 위로해 줄 수 있고 편안한 여성을 원했던 것이다. 그들의 잘못이 아님을 인정한다. 당초 잘못된 만남이었다.

이런 사소한 일에서도 상대방에게 양보해 주기만을 바라고 한 치의 양보도 물러섬도 없는 것이 남녀 사이의 자존심 싸움이요, 서열이다. 그러다 싸움이 잦아지고 큰 싸움으로 발전해 결국 헤어짐을 선택하게 된다.

성공한 남자, 강한 성격의 남자는 성격이 온순하고 남을 도와주기를 좋아하는 천성적으로 기질이 조금은 약한 '천상 여자', 남자를 편안하게 해주고 맞춰 줄 수 있는 여성스럽고 부드러운 스타일의 배우자를 선택해야 결혼생활이 즐겁고 평화롭게 유지될 것이다.

여자 또한 사회적으로 성공하고 싶은 기질을 가진 강한 사람이라면 온화한 성격의 배려심 많은 남자를 만나야 한다. 돈을 좀 못 벌 거나 품위가 좀 떨어지면 어떤가. 자신을 외조해 주는 남자를 만나면 삶이 편안해질 텐데.

이런 것을 염두에 두면서 사귈 필요가 있다. 내가 잘났다고 잘 난 사람만 원하면 안 된다. 단단한 두 나무가 만나면 부서진다. 내가 단단하면 조금은 휘어지는 사람을 만나고, 내가 잘 휘는 나무라면 단 단한 나무를 선택하는 것이 오래가고 튼튼한 관계를 유지할 수 있다.

어느 날, 선배에게 전화가 왔다. 누구나 멋지다고 생각하는 선 배였다. 전문 직종에서 일하고 남편도 의사였다. 술도 잘 못 마시는 선배가 그날은 글라스로 소주를 연거푸 마셨다. 영문도 모른 채 눈물 을 흘리는 선배의 모습을 보며 나는 어찌해야 할 바를 몰랐다. 시간 이 흐르고 취기가 도는지 어렵게 말을 시작했다.

"남편이 바람피우는 것 같아. 원래 눈치는 채고 있었는데……."

"뭐? 바람을 피운다고? 언니도 알고 있었다고?"

"알고는 있었지만 모른 척하고 있었지. 근데 주변에서 본 사람 이 있더라고. 알고 보니 못생기고 볼품이 없는 술집 여자래. 더 화가 나고 자존심이 상해 미칠 것 같았어."

"언니, 형부가 바람피우는 사람이 누구인 게 뭐가 문제야. 바람 피운 게 잘못된 거지!"

"아니야. 내가 너무 자존심이 상해서 물어보니 형부는 내가 너무 까다롭고 피곤하대. 이젠 지쳤다나? 그냥 그 여자랑 좀 편하게 있는 게 좋다고 하더라고……."

그땐 '바람피우는 대상이 예쁘든 안 예쁘든 그게 뭐 상관이람? 바람피우는 자체가 충격이지.' 하고 화만 났다. 그런데 시간이 지나 나도 결혼하고 나니 선배의 말이 이해될 것 같았다.

형부는 왜 남들이 부러워할 만한 아내를 두고 그 여자를 좋아하게 된 것일까? 아마도 예쁘고 똑똑한 아내와 사는 것에 지치고 힘들었던 것 같다. 선배는 기질이 강한 사람이라 형부의 조그만 잘못도 그냥 넘어가는 법이 없었다. 옷부터 말투까지 지적하는 선배의 성격을 나도 잘 알고 있다.

바람피운 남자를 옹호하자는 것이 아니다. 바람피우는 행위는 나쁘지만, 그 내연녀에게서 아내에게서는 느끼지 못하는 편안함을 느끼고자 그런 행동까지 한 것이 아닐까 하는 생각을 했다.

남자도 여자도 결혼의 대상을 선택할 때 처음부터 좀 더 신중하고 현명하게 접근해야 이런 일을 방지할 수 있다. 나 자신도 잘 알아야 하지만 상대도 어떤 사람인지 알아야 한다.

결혼은 불장난이 아니다. 평생을 함께할 반려자를 찾는 것이다. 무엇보다도 오랜 시간 함께해야 하고, 자식을 낳아 기르는 희생까지 감내해야 할 사이이기 때문에 신중하게 생각하고 선택해야 한다.

그렇기에 사회적으로 스트레스가 많고 치열한 삶을 사는 남자는 기질이 강한 여자보다는 자신을 좀 더 이해해 주고 감싸줄 수 있는 배려심 많은 여자를 선택하는 것이 좋고, 여자도 마찬가지로 이를 고려해야 한다. 반면에 남자가 경제적인 능력이 없을 때는 생활력이 강한 여성을 만나면 결혼생활이 더 편안해질 가능성이 커지는 것이다.

나는 사회적으로 인정욕구가 강한 사람이다. 이러한 기질을 잘 아는 남편은 항상 나의 일을 지지해 주고 응원해 준다. 스스로가 '외조의 왕'이 되고 싶다고 말할 정도이다. 이런 남편 덕분에 나는 편안하게 일하고 행복한 삶의 균형을 유지할 수 있다.

"당신이 일하는 건 얼마든지 해도 좋지만, 건강만 해치지 않도록 해요."

이런 스윗한 말을 들으며 오늘도 출근한다.

누군가를 알게 되고, 좋아하게 되고, 같은 길을 가고 싶은 감정. 그것을 우리는 '사랑'이라 말한다. 그 사랑은 '결혼'이라는 이름으로 다가온다. 사랑을 이성적으로 다룬다는 것은 어렵겠지만, 우리는 좀 더 현명할 필요가 있다. ✦

굿바이!
혼밥, 혼술

이야기꽃 이야기꽃을 피운다는 말이 있다.

혼밥, 혼술로는 이야기꽃을 피울 수 없다.

함께 음식을 먹는다는 것은

단순히 먹는 것만을 의미하지 않는다.

서로 대화하며 시간을 공유한다는 의미가 있다.

결혼하여 남편과 함께 음식을 먹으며,

이야기꽃을 피우기에 나의 삶은

그 꽃으로 말미암아 향기로울 수 있는 것이다.

결혼하길 참 잘했다.

"아 배고파, 뭐 먹지?"

오늘 저녁도 출출한 배를 두드리며 냉장고 문을 연다. 냉장고 에는 별 찬도 없고 먹을 것도 변변찮다.

다시 찬장을 열며 종류별로 가득한 라면을 살펴본다. 그러고는 어떤 라면 끓여 먹을까 고민한다.

'비빔면? 진라면? 오랜만에 불닭볶음면? 아, 어제도 라면 먹었 지? 음, 밥 종류로 시켜 먹어야겠다.'

다시 휴대 전화를 열고 배달 사이트를 뒤적인다. 수십 개 사이 트의 여러 메뉴를 보며 고민하기 시작한다. 다 먹음직스러워 보이지 만 도착했을 때의 비주얼, 실망감, 배달비 유무, 도착시간과 리뷰를 체크하여 신중하게, 아니 심각하게 메뉴를 고른다. 이 과정에서 오늘 저녁도 30분 이상의 긴 시간을 허비한다. 거의 매일 반복되고 있는 풍경이다.

'혼밥, 이젠 지겹다!'

밥은 하루 세 번을 기준으로 먹는다. 바쁜 현대인은 아침은 주 로 거르고 점심과 저녁을 먹는데, 보통 아침을 안 먹는 대신 저녁을 먹고 야식이 추가되니 세 끼를 먹는 것과 마찬가지다.

앞에서 이야기했듯이 세 번의 식사는 나름대로 많은 시간을 투자해야 하기에 꽤 번거롭게 느껴진다. 외식하더라도 '어디 갈까?'로 시작해 여러 메뉴 중에서 하나를 선택해야 한다.

음식이 정해졌다 하더라도 맵기 정도나 소스 선택 등, 요즘은 선택해야 하는 것이 많아졌기 때문에 피곤하게 느껴지기도 한다. 결정해야 할 일이 많은데 이런 문제로까지 고민하는 것이 나에게는 꽤 스트레스로 작용했다.

"살기 위해 먹느냐, 먹기 위해 사느냐."라는 말이 있을 만큼 먹는 것은 중요하다. 먹는 것은 선택의 문제가 아니라 생존의 문제이다.

그렇게 중요한데도 나에게는 혼자 먹는 즐거움은 크지 않았다. 세상에서 가장 맛있는 음식은 '무엇을 먹느냐'가 아니라 '누구와 함께 먹느냐'가 결정했다.

나는 원래 혼자 있는 것을 싫어하고 특히, 혼자 밥 먹는 것을 지독하게 싫어하는 사람이었다. 그래서 메뉴를 고르는 일, 식당을 정하는 일 등 음식을 먹는 모든 것이 힘들었던 것 같다. 아직도 혼자 식당에 들어가서는 밥을 못 먹는다. 예전에는 혼자 식당에 들어가서 밥 먹기를 연습한 적도 있다. 왠지 혼자 밥을 먹으면 좀 처량하기도 하고 부끄럽기까지 했다.

"우리 여보, 오늘은 뭐가 먹고 싶으세요?"

남편이 묻는다.

"오늘은 뭐 시켜 먹을까? 아니다, 냉장고에 보면 만두랑 피자 있는데 그거 구워 먹자."

배달 음식과 집 냉장고를 빠르게 스캔한 후 대답한다.

"그럼 시원한 맥주도 한잔 있어야 어울리겠네요. 금방 대령하겠습니다."

나의 마음을 알고 주방으로 들어간 남편은 주섬주섬 식사 준비를 시작한다. 혼자 살 때와는 전혀 다른 풍경이다.

결혼하고 가장 좋은 점을 꼽으라면 혼밥, 혼술을 할 일이 줄어들었다는 점이다. 그렇게 번거롭게 느껴지던 식사 준비 과정도 큰 즐거움이 되었다. 함께할 사람이 있기 때문이다.

예전에는 아무도 보지 않는 집에서도 혼자 밥 먹는 일이 어찌나 힘들었는지. 그런 나에게 함께 식사하는 가족이 생겼다는 것은 너무나도 큰 즐거움이다.

"엄마, 시헌이도 아침 식사 엄마 도와줄래요. 시헌이 좋아하는 브로콜리 주세요."

아침은 주로 아들과 함께 먹는다. 일곱 살짜리 아들의 식사는 간단하지만 우리는 늘 식사 준비부터 함께한다. 서로 먹여주기도 하고 이야기를 나누며 식사하는 그 시간이 정말 행복하다.

조그만 아이의 입에 밥이 들어가 조물조물 씹는 모습을 보면 정말 귀엽고 예쁘다. "농부가 자기 논에 물이 들어가는 것과 자기 자식 입에 먹을 것 들어가는 모습을 보는 것만큼 흐뭇한 일이 없다."라는 말을 들은 적이 있는데 진짜 그런 것 같다.

특히 나는 일을 하고 있어 아이와 보내는 시간이 부족하다. 저녁 늦은 시간 아이가 잠이 들었을 때나 되어서야 들어간다. 그래서 아이와 함께할 수 있는 아침나절의 식사 시간이 나에게는 너무나 소중하게 느껴진다. 나에게 아이와의 아침 식사는 단순히 밥 먹는 행위 그 이상으로 큰 의미가 있는 것이다.

이렇게 아침을 먹고 점심은 주로 도시락을 싸다닌다. 도시락을 싸다니면 간편하기도 하고 시간도 절약된다.

'뭘 먹을까? 어디로 갈까?'

수많은 고민을 하지 않아도 된다. 가끔 먹고 싶은 것이 있으면 사 먹기도 하지만 도시락을 더 선호하는 편이다.

퇴근하면 가끔 술도 한 잔씩 마신다. 원래도 좋아하는 데다, 학생을 가르치는 일을 하므로 말을 많이 하다 보면 목이 칼칼해져 한 잔하는 경우가 많다. 에너지를 많이 쓰는 일이라 퇴근 후에는 늘 배가 고프다.

학원 원장인 나로서는 학생을 가르치는 일보다 학부모 상담 일이 더 많은데, 아이들 성적이나 사고 친 일을 수습하는 상담을 하고 가는 날에는 더더욱 힘이 든다. 그런 날에는 선생님들과 밖에서 소주 한잔 마시고 들어가거나 집에 가서 맥주라도 한잔 먹고 자는 일이 많다.

학원 원장으로 일한 지 8년 차. 내 스트레스의 원천은 그곳에 있다. 학원은 선생님 관리와 학생 관리, 또 학부모 관리까지 해야 하니 운영하는 처지에서 챙겨야 할 것이 많다.

퇴근 후 한잔 마시는 맥주가 유일한 나의 낙이다. 일을 마치고 들어와 맥주 캔 '딸칵' 따는 소리를 들으면 남편이 스르르 내가 있는 곳으로 온다.

"아이고, 우리 여보님 표정이 좀 안 좋으신데요. 오늘도 진상 학부모 다녀갔어요? 아니면 학생들이 사고 쳤어요? 같이 한잔할까요?"

그는 슬며시 식탁에 앉아 내 이야기를 들어 준다. 그럼 나는 맥주 한 잔 벌컥벌컥 마시고 열변을 토하며 하루 있었던 일을 이야기한다.

서러워서 울 때도 있고, 이야기하다 깔깔 웃을 때도 있다. 그렇게 이야기하고 나면 속이 시원하고 마음이 풀린다.

결혼 전에 혼자 술을 마시면 슬픈 일은 더 슬퍼지고, 심각한 일은 더 심각해지는 경우가 많았다. 함께 이야기하며 위로해 주는 사람이 없으니, 혼자만의 생각이 꼬리에 꼬리를 물고 깊은 생각의 수렁에 빠졌던 것 같다.

그러다 보면 자기연민에 빠져 나는 세상에서 제일 불쌍한 사람이고 홀로 외로운 사람이며 결국 인생에 실패한 사람 같다는 생각마저 들었다.

결혼 전이나 결혼 후나 스트레스 해소로 술을 마시는 상황은 같지만, 함께하는 사람이 있느냐 없느냐에 따라 상황은 전혀 다르게 전개된다. 그것은 너무나 큰 차이다.

결혼한 후에도 물론 혼술을 마시는 경우가 있다. 남편이 항상 같이해 주지는 못하기 때문이다. 그래도 결혼 전 혼술을 마실 때처럼 심각해지진 않는다. 우울한 기분도 별로 없다. 내가 혼자라는 생각이 들지 않기 때문에 비록 크고 작은 사건이 일어났더라도 긍정적으로 해석하거나 '시간이 해결해 주겠지.' 하고 생각하며 넘어가려고 노력한다.

남편이 너무 곤히 잠들어 어제는 맥주로 혼술을 했다. 그렇지만 전혀 섭섭한 마음이 들지는 않는다. 또한 외롭지도 않다. 혼밥도, 혼술도 즐거운 마음으로 먹을 수 있다. 항상 함께해 주진 못해도 언제든 함께할 가족이 있고, 나를 걱정해 주는 든든한 남편이 있어서 오늘도 외롭지 않다. ✦

시댁 식구에게
있는 그대로의 모습
보여 주기

우리는
한편

시어머니는 아들 편이다.

그러나 그 아들은 나의 남편이며 내 편이다.

그렇기에 시어머니와 나는 한편이다.

우리는 누가 뭐래도

가족이란 한 울타리 속에 있는 같은 편이다.

사람은 누구에게나 장점과 단점이 있다.

못하는 것을 잘하려고 애쓰는 것보다

잘하는 것을 더 잘하는 것이 낫다.

많은 경우 큰 장점은 소소한 단점을 덮어 버리기 때문이다.

그것이 시월드에서 현명하게 사는 방법이라 생각한다.

다른 편은 몰라도 내 편은 이해한다.

나도 처음에는 시댁 식구가 불편했다. 누구나 그렇듯 새로운 사람을 가족으로 받아들이기란 쉽지 않다. 남편은 많고 많은 남자들 중에서 내가 선택한 특별한 사람이다. 반면에 그의 가족은 내 선택과는 상관없이 가족으로 맺어진 사람들이다. 결혼하는 순간 어머니, 형님, 아주버님, 조카 등등의 가족이 생기고 그들과 새로운 관계가 시작된다.

남편과는 연애 기간이라도 있어서 서로 적응이 가능했다. 하지만 시댁 식구들과는 탐색할 시간도 없이 그냥 같이 밥 먹고 명절에 음식을 함께 만들며 한집에서 자야 하는 사이가 되어 버렸다.

선택이 아닌 의무이자 당연한 친절함은 물론이고, 시댁 식구에게는 착한 며느리여야 한다는 왠지 모를 부담감과 어색함이 있다. 그것도 약간 저자세로 굽신거려야 하는 느낌이랄까?

시댁 식구의 전화벨이 울리면 반사적으로 이렇게 대답한다.

"네~, 어머님."

"네~, 알겠습니다."

심각한 얼굴로 일을 하다가도 전화벨 소리에 깜짝 놀라, 한 톤 높은 목소리로 밝고 이쁜 며느리가 되려고 노력하는 것이다. 그렇게 하라고 시킨 사람은 아무도 없었지만, 왠지 그렇게 해야 할 것 같은 느낌이 들었다. 이렇게 이쁘고 밝고 착한 며느리가 당신의 아들과 행복하게 잘살고 있다는 것을 보여 주고자 하는 마음이 은연중에 있었던 것 같다.

그렇게 밝고 이쁜 며느리는 결혼한 지 2년이 지나자, 본모습을 드러낸다. 착한 며느리 코스프레도 바닥이 슬슬 드러나게 되어 있다. 나의 경우는 첫 아이 출산 후 시어머니가 우리 집 가사와 육아를 맡아 주시기로 하셨다. 그렇기 때문에 나의 살림 솜씨를 숨기려야 숨길 수가 없는 상황이 되어 버렸다. 당연히 초반에는 엄청난 스트레스를 받았다. 솔직히 고백하자면 나는 아직도 집안일에 서툴고, 그중에서도 정리 정돈이 제일 힘이 든다.

첫 아이 출산 후 시어머니와 같이 살다 보니, 마치 발가벗은 듯한 느낌이 들었다. 어머님께서는 우리 집에 오신 첫날부터 냉장고에 있는 음식을 절반도 넘게 버리시고, 청소만 일주일 넘게 꼬박 하셨던 것 같다.

어머님은 파프리카도 색깔별로 정리하고, 냉장고에는 각종 양념들을 주기별로 분류하여 꼼꼼하게 정리해 놓으시는 분이다. 그런 어머님이 나의 냉장고를 보셨으니 황당하셨을 만도 하다. 통은 너무나 많고, 냉장고 안쪽에는 뭐가 들어 있는지도 모르는 것이 더 많았다. 먹지도 않을 거면서 항상 음식이 남으면 싸와서 냉장고에 넣어 두고, 썩고 난 다음에나 버리는 나의 생활습관이 고스란히 보이는 부끄러운 나의 냉장고.

일하시는 어머님을 보며 출산 후 침대에 누워 있는 것이 미안하고 죄송스러운 마음에 하루하루 괴로운 시간을 보내야만 했다. 본디 어머님께서는 표시를 잘 안 내고 이해해 주시는 스타일이라 나한테 잔소리 한번 하시지 않는 분이다. 하지만 모르긴 해도 당신도 여러모로 힘드셨으리라. 내가 보기에 완벽주의에 가까우리만큼 가정일과 자녀 교육에 평생을 헌신해 오신 어머님에게 나는 '외국인 며느리' 정도로 보이지 않았을까.

왜냐하면 평생 일 안 하고 가정 살림만 해 오신 어머니가 보기에는 대표이사 직함만 4개나 가지고 있는 일하는 며느리, 4계절 옷을 한꺼번에 옷장 서랍에 넣어 버리는 며느리, 하이힐에 미니스커트를 즐겨 입는 며느리를 있는 그대로 받아들이기란 도저히 불가능하셨을 것이다. 또 친구들은 어찌나 많은지, 날이면 날마다는 아니지만 술 한번 마셨다 하면 새벽 1~2시에 들어오는 며느리를 아무리 성격

좋은 시어머니일지라도 너그럽게 이해하기는 힘드셨을 것 같다.

나 또한 처음에는 달라도 너무나 다른 시어머니와 함께 산다는 것은 상상할 수도 없는 일이었다. 그렇지만 어머님의 도움이 절실히 필요했던 사람은 정작 나였다. 그렇게 신혼생활 1년을 마치고 나는 어머님과 거의 함께 살다시피 하게 되었다.

매일 같이 사는 이상, 숨길 수도 연기할 수도 없었다. 좋은 모습을 보이려고 매일 연기를 했거나 숨기려고 들었으면 아마도 숨 막혀서 못 살았을 것 같다.

나는 어머니가 나를 좀 안 좋게 보시더라도 그냥 있는 그대로의 모습을 보여 드려야겠다고 생각했다. 시어머니가 친구들끼리 만나 며느리 욕을 좀 하신다고 하더라도, 아니면 딸한테 전화해서 하소연을 하시더라도 나로서는 어쩔 수 없다고 생각했다. 그런 것에 스트레스받는 것보다 있는 그대로 보여주고 욕 좀 먹는 것이 낫다고 생각했다. 이제 와서 어쩌겠는가.

오히려 이런 나를 받아 주시고 이해해 주신 건 어머님이셨다.
"일할 수 있을 때 열심히 해라. 나는 옛날 사람이라 여자라면

으레 집안일만 하고 살아야 하는 줄만 알았다. 세상이 좋아졌는데 멋지게 즐기면서 살아라."

이렇게 나의 일과 여가생활을 지지해 주셨다. 새로운 사업을 시작할 때마다 나는 어머님과 의논하곤 하는데, 항상 내가 잘 할 수 있는 일을 선택하라고 말씀해 주신다.

그러시고는 집안일은 당신이 도와주실 테니, 걱정하지 말라고 격려해 주신다. 자신을 가장 닮은 딸에게도 '항상 즐기면서 살라'고 말씀하시니 얼마나 감사한 일인가.

이런 어머님께서도 가끔은 한마디씩 하신다. 한 소리 들으면 그것 또한 그대로 받아들이면 된다. 두 번 생각할 필요가 없다. 내가 할 수 있는 일이면 고치면 되고, 정말 할 수 없는 일이면 안 하면 그만이다. 대꾸하거나 설득하기보다는 "네, 알겠습니다."라고 대답하면 된다. 다음에 기회 봐서 왜 못 하는지를 슬쩍 이야기하면 어머님은 대부분 이해해 주신다. 그것도 싫으면 안 하면 된다.

시어머니께 또박또박 따지는 것보다 앞으로 잘하겠다고 이야기하고, 하지 못하는 것은 안 하면 되는 것이다. 내가 할 수 없어 못 하는 것은 크게 잘못된 것이 아니라고 생각한다.

못하는 것이 많은 며느리지만 잘하는 것에는 주어진 몫을 200% 해내면서 제 실력을 발휘하는 나다. 집안일은 젬병이지만 돈 잘 버는 며느리니, 기회를 봐서 용돈을 두둑하게 드리거나 생일 같은 때에는 일부러 자랑하시라고 더 고가의 물건을 한 번씩 사 드린다. 그리고 어버이날이나 생신에는 시댁 식구들을 전부 집으로 초대해서 맛있는 음식을 양껏 대접한다.

너무나 단순한 논리이지만 나는 잘하는 것을 더욱 잘하려고 노력하지, 못하는 것을 잘하려고 애쓰지 않는다. 못하는 것은 그냥 못하는 거다.

착한 며느리가 되려고 너무 애쓸 필요가 없다. 있는 그대로를 보여주고 욕 들어 먹을 각오만 하면 된다. 며느리도 사람인데, 모든 것을 어찌 완벽하게 잘할 수 있겠는가.

더불어 남편이 어머님과의 사이에서 역할을 잘해 주고 있다. 그런 남편이 고맙고, 나를 이해하며 도와주시는 어머님께 감사하다. ✦

결혼의
하이라이트

내 결혼생활의   나이가 들면 얼굴에 주름이 생긴다.
하이라이트

그것은 그냥 주름만을 의미하지 않는다.

주름 사이에는 많은 이야기가 들어 있다.

우리 부부도 언젠가 얼굴에 주름이 생길 것이다.

살아가면서 심어진 많은 씨앗이

주름과 주름 사이에서

이야기꽃으로 피어날 것이다.

그 꽃의 향기는 지상의 어떤 향기로도

대신할 수 없을 것이며,

그때가 내 결혼생활의 하이라이트가 되리라.

결혼의 하이라이트가 뭘까? 많은 사람에게서 축복받으며 성대하게 치루는 결혼식? 달콤한 신혼여행? 첫아이의 임신과 감격스러운 출산? 아니면 아이를 기르면서 수없이 느끼게 되는 감격스러운 순간순간이 결혼의 하이라이트일까?

결혼은 남녀가 따로 독립된 존재로 살다가 하나로 합쳐지는 일이다. 그리고 사랑의 결실로 낳은 아이를 통해 온전히 하나됨을 느끼는 실로 놀라운 경험을 하게 된다.

결혼하고 난 다음 상대에 대해 더 많은 것을 알게 되면서 미묘하고도 오묘한 관계로 변한다. 결혼하기 전 모습이 진짜 그 사람의 모습일까? 결혼하고 10년 뒤의 모습이 그 사람의 진짜 모습일까?

정답은 없다. '사랑하는 상대의 변화를 어떻게 마주하고 어떻게 대처해 가는가.' 하는 것이 결혼의 진짜 모습일 것이다.

대부분의 사람들은 뭔가 끌리는 이유로 사랑에 빠지며, 결혼을 결심하게 된다. 사람마다 자신이 좋아하는 끌림의 요소는 다를 것이다. 모든 것을 골고루 갖추고 있다 한들, 결혼하고 세월이 지난 후 그 대상이 연애 시절과 같은 컨디션을 유지하기란 쉽지 않다.

예컨대 상대의 외모가 마음에 들어 좋아졌다고 치자. 어느 날 그가 불의의 사고로 얼굴에 치명적인 상처를 입어 외모가 변했더라도 계속 사랑할 수 있을 것인가. 다른 예로, 상대의 재산을 보고 결혼을 결심한 사람도 있을 것이다. 그러나 그 돈이 없어질 수도 있다. 그렇더라도 상대를 존재 그 자체로 사랑할 수 있을까?

불편한 진실이지만 사람은 변할 수밖에 없다. 나 자신도 변하지 않으리라 생각한다면 큰 오산이다. 나조차도 상대를 변함없이 대하는 것에는 100% 확신할 수 없다. 우리는 변할 수밖에 없는 존재임을 인정하고, 상황에 맞게 적절하게 대처해야 한다.

세월이 흘러 상대가 변하더라도, 그와 함께 온갖 역경을 이겨내면서 서로 믿고 의지하는 존재가 되어야 한다. 한마디로 변화를 인정하고 유연하게 대처하는 것! 이것이 똑똑한 결혼생활을 하는 방법이다.

이러한 측면에서 볼 때 나는 결혼생활의 하이라이트는 바로 '노년기'라고 생각한다. 노년기까지 이어진 결혼생활에는 그런 변화에 대한 적절한 대처와 온갖 사연이 미움과 사랑으로 녹아져 있기 때문이다.

부부가 함께 생활하다 보면 굳이 말하지 않아도 알게 되는 것이 많아진다. 눈치로 9할은 알아서 할 수 있고, 사소한 배려로 웬만한 것은 그냥 넘어갈 수 있는 경지에 이른다. 그리하여 하루하루 상대의 기분을 느끼고 이해할 수 있고, 상대의 존재 자체에 감사할 수 있다. 또한 상대가 독립된 자신만의 세계를 가지고 있음을 인정하게 된다.

물론 나도 전부를 경험해 보지는 못했다. 아직 나는 결혼 8년 차, 일곱 살 난 꼬맹이를 키우고 있는 결혼 초년생이다.

하지만 나는 기대한다. 그리고 지금 이 순간, 앞에서 말한 결혼의 하이라이트를 위해 노력하며 살고 있다.

결혼생활은 오르막길과 내리막길의 연속이다. 처음 사랑이 싹트던 시절부터 실망하다 못해 절망에 가까운 일까지 생길 수 있다. 밑바닥까지 보게 되는 순간 절망스러움을 느끼겠지만, 상대를 진심으로 사랑하고 이해하는 과정을 겪으면서 결혼생활은 성숙해진다.

그렇게 오랜 시간 함께하다 보면, 사랑과 믿음의 결실이 생기게 되리라 생각한다. 말하지 않아도 알 수 있고 무한히 신뢰할 수 있는 대상이 있다는 것은 우리 삶을 얼마나 풍요롭게 만드는가. 이를 깨닫는 것이야말로 결혼의 하이라이트라 할 수 있다.

나이 드는 것은 죄가 아니다. 세월의 흐름은 누구도 막을 수 없다. 내 인생에서 나를 가장 잘 알고 사랑해 줄 수 있는 남편과 자식이 있다는 것은 신이 주신 가장 큰 축복이다.

노년을 떠올렸을 때 왠지 초라하고 외롭게만 생각하지 않아도 된다. 나는 오히려 노년이 기다려진다. 백발이 되어도 나를 사랑해 줄 남편과, 건강하게 자라 이 사회에서 자신의 역할을 다하며 건강하게 활동할 나의 아들이 있기 때문이다.

요즘은 고독사도 많다고 한다. 지금이야 젊으니 결혼하지 않고 청춘을 즐기며 살지만, 젊음은 오래가지 않는다. 그리고 영원할 수도 없다.

나이가 들면 몸이 쇠약해지고 정신도 건강하지 못할 때 누군가와 함께하고 나를 알아줄 사람이 있다는 것은 무엇과도 바꿀 수 없는 축복이다. 가족이 있다는 것은 물질적인 자산과는 비교할 수 없는 인생의 큰 자산이다.

돈 때문에 결혼하지 않거나 자녀를 낳지 않는 사람이 많다고 한다. 나는 그들을 비난할 생각은 추호도 없다. 인생은 자신이 선택하는 것이고 책임을 지면 된다.

나도 노년이 되어 주어진 삶을 잘 살았노라고, 결혼생활에 정말 만족했노라고 말할 수 있을지 100% 장담할 순 없다. 하지만 최소한 지금만큼은 '결혼'이라는 선택을 정말 잘했다고 말할 수 있다.

내 결혼생활의 하이라이트가 될 노년기! 생각만 해도 얼굴에 미소가 지어진다.

오늘도 남편과 내가 할아버지와 할머니가 되었을 때를 상상한다. 손을 잡고 여행도 다니고 각자의 취미생활도 하면서 살 것이다.

그때가 되어도 여전히 남편은 내 잔소리를 들으며 살고 있겠지만, 나는 그런 남편을 사랑한다. 쭈글쭈글한 내 얼굴을 한없이 사랑스럽게 쓰다듬어 줄 남편이기 때문이다. ✦

두 번째 산,
결혼

**결혼생활도
산행과
마찬가지**

산행할 때 바닥만 보고 빨리 가려고만 하지 마세요.

정상에 올라갈 것만 생각해서 속도에 집착한다면

진짜 산을 모르고 산행하는 거예요.

천천히 가도 되니 저기 지저귀는 새 소리도 듣고,

계절의 변화도 느끼고, 예쁜 꽃도 보면서 올라가세요.

오늘 정상까지 다 못 올라가면 어때요.

다음에 다시 가면 되죠.

올라가는 과정 그 자체를 즐기세요.

나는 등산을 좋아한다. 마음이 헛헛할 때 산을 찾으면 마음이 편안해진다. 엄마가 돌아가신 이후로 등산을 시작했다. 드라마나 영화를 보면 돌아가신 부모님이 보고 싶으면 납골당에 가거나 산소를 찾는 장면이 자주 나온다.

예전에는 그 장면의 주인공이 왠지 인간적으로 보이기도 하고, 심지어 부러워 보인 적도 있다. 세월이 많이 지나 부모님이 돌아가시면 '나도 정말 힘든 날에는 저렇게 부모님 산소에 찾아갈 수 있겠구나.' 하는 생각도 했다.

그렇게 철딱서니 없는 생각을 했는데, 그날이 생각보다 빨리 왔다. 내 나이 스물아홉, 갑작스럽게 엄마의 죽음을 맞이해야만 했다. 엄마는 위암 진단을 받고 8개월 만에 돌아가셨다. 그리고 경주에 있는 서라벌 공동묘지에 자리를 잡으셨다.

이후 나는 몇 차례 엄마를 보러 혼자서 묘지에 찾아가곤 했다. 꽃을 사 들고 찾아가서 한참을 멍하니 앉아 있다가 오기도 하고, 홀로 대화를 나누거나 눈물을 훔치며 커피 한잔 마시고 오기도 했다.

엄마가 기독교인이라 그런지, 무덤에서는 엄마의 따스함이 느껴지지 않았고 마음이 편하지도 않았다. 엄마가 하늘나라 천국에 계실 거라고 생각하니, 지상에 있는 차디찬 흙더미인 무덤은 쓸쓸하고 무거워 보이기만 했다.

　그러던 어느 날, 서른 살이 되는 기념으로 홀로 한라산 등반을 계획하게 되었다. 혼자 가는 한라산 등반이었기에 체력훈련도 제법 했던 기억이 난다. 그렇게 생일이 다가왔고 제주도행 비행기에 몸을 실은 나는 서른 살 첫발을 내딛기 위해 한라산 등반을 시작했다.

　새벽 6시, 게스트하우스에서 잠을 자고 일어나 한라산으로 향했다. 한라산은 해발 1,950m, 북위 40도에 자리한, 남한에서 가장 높은 산이다. 올라가는 길이 험할 것이라고 여겼는데, 혼자서 등반하기에 외롭지 않을 만큼 아기자기한 산길이 많았다. 비가 온 다음 날이라 그런지 비밀 탐험을 한다는 신비로운 느낌마저 들었다. 여름이라서 그런지, 혼자여서 그런지 한라산 등반길은 걱정했던 것보다 편안했으며 등산하는 내내 즐거웠다.

　무엇보다 산행하며 엄마 생각을 많이 했다. 서른 살 생일날이어서 더 그랬다. 엄마의 포근함이 거대한 한라산을 가득 메우고 있는 것만 같은 생각이 들었다. 엄마가 돌아가신 지 얼마 지나지 않아서 더더욱 그랬다.

　그러려고 온 등반이기도 했다. 지나온 나의 삶과 앞으로의 나의 삶, 후회와 기대감. 이런 나를 생각하며 끊임없이 엄마를 떠올렸고, 엄마와 함께 등반하고 있다는 생각마저 들었다.

그렇게 정상에 올랐을 때, 정말 엄마를 만난 듯한 느낌을 받았다. 30년 전 엄마가 힘들게 나를 세상에 태어나게 한 날, 한라산 정상에서 엄마와 재회한 나는 가슴이 벅차고 마음이 따뜻해졌다.

막바지 한라산 정상까지 올라가는 그 길은 무척 힘이 들었다. 한 걸음 한 걸음 허벅지를 손으로 들어 올리며 정상에 올랐다.

4시간 이상 등반했을 때는 내 의지와 상관없이 다리와 팔이 움직였고 이미 내 정신이 아니었다. 튼튼 체질이 아니라 마지막 고지에서 줄을 잡고 다리를 질질 끌다시피 하며 정상에 올랐다.

그곳에는 아무도 없었으며, 지쳐 있는 나와 마주하는 나 자신밖에 없었다. 포기하고 싶고 주저앉고 싶었지만, 왠지 모를 힘이 나를 정상으로 이끌어 주었다.

그렇게 힘들게 오른 정상에서 너무나 보고 싶은 엄마를 만나게 되었고, 마음껏 대화를 나누고 돌아왔다. 그 정상이 하늘에 있는 엄마와 가장 가까운 곳이라고 느꼈으니 말이다.

나는 그 이후로 힘들고 어려운 일이 있을 때면 산으로 향한다. 혼자여도 좋고, 누군가와 함께 가도 좋다. 그리고 정상에 올라가면 따스한 엄마를 다시 만난다. 그 길이 아무리 힘들고 어려워도 정상에 올라가서 "엄마, 나 왔어." 한마디 하기 위해 열심히 올라간다.

결혼 전 남편과 함께 산을 오르며 엄마에게 남편도 보여주었고, 결혼하고 난 뒤에도 남편과 아이를 데리고 산에 자주 올랐다. 얼마 전 아이와 산에 갔을 때 아이에게도 하늘을 향해 저기 하늘나라에 할머니가 계신다고 이야기해 주었다. 물론 일곱 살 인생은 그게 무슨 뜻인지 모르겠지만.

결혼을 앞두고 혼자 산에 올랐다. 그리고 하늘에 계신 엄마에게 이야기했다.

"엄마, 나 두 번째 산을 오르고 있어. 내가 잘해 나갈 수 있도록 도와줘."

그렇다. 나에게 결혼생활은 두 번째 산을 오르는 것과도 같다. 결혼생활이 쉽지만은 않을 것이다. 중간에 쉬어갈 수도 있고, 포기하고 싶을 때도 있을 것이다. 또한 올라간 만큼 내려올 것도 계산해 가면서 올라가야 할 것이다.

결혼생활이 어찌 아름다운 보랏빛이기만 하겠는가. 아이가 속을 썩이고, 남편과 싸움이 잦을 수도 있으며, 경제적으로 풍요롭지 않을 수도 있다. 그러나 그런 속상함이나 불만스러운 생활 속에서도 우리는 소소한 행복을 느낄 수 있을 것이다. 등산의 여정이 힘들지만 그 과정에서 아름다운 것을 자주 보고 느끼듯, 결혼생활을 하면서도 생활 그 자체에서 행복함과 느긋한 마음을 가져야 한다.

등산을 갈 때 어느 정도의 힘듦은 각오한다. 편안한 산행이란 있을 수 없는 것이며 목숨을 건 산행도 있다. 결혼생활도 마찬가지로 고생할 각오 없이 시작해서는 안 된다. 결혼생활은 1박이나 당일 산행보다 훨씬 긴 여정이다. 마음에 여유를 가지고 힘들지만, 한 발짝 한 발짝 움직여야 한다.

등산하다 보면 가파른 길도 있고 편안한 산책길, 오르막 내리막도 있다. 결혼생활도 어려움과 기쁨, 슬픔과 뜻밖에 행복이 번갈아 가며 우리를 기다리고 있다.

우리의 두 번째 산은 결혼이다. 그 산을 오르는 우리는 어렵다고 포기할 일이 아니라 정상이 주는 기쁨과 성취감으로 스스로를 대견스럽게 여겨야 한다. 그래야 행복한 결혼생활이 될 것이다.

홀로 가는 산행길이 아니라 반려자와 함께하는 길이라면, 결코 외롭지 않다. 또 내 아이의 재잘거림이 함께한다면 그 길을 오르는 동안 진정 행복한 시간이 될 것이다.

두 번째 산의 목표는 정상 정복이 아니다. 뺨에 스치는 바람도 느끼고, 계절의 변화를 보며 일행과 더불어 이야기를 나누는 것이다. 힘들 때 손잡아 주며, 뒤에서 밀어주고 앞에서 당겨주는가 하면, 잠시 쉬면서 맛있는 음식도 먹을 것이다. 그런 두 번째 산행을 오늘도 나는 남편과 아들과 함께 천천히 하고 있다.

얼마 전, 책 쓰기를 하며 만나게 된 산악인 이상호 대장님께서 나에게 하신 말씀이 있다. 에베레스트를 비롯한 5대륙 최고봉과 남극점을 탐험한 전문 산악인인 이 대장님. 그분의 말씀은 평소 산을 좋아했던 나에게 깊은 여운을 주었다.

"박 선생, 산행할 때 바닥만 보고 빨리 가려고만 하지 마세요. 요즘 젊은 사람들, 정상에 올라갈 것만 생각하고 속도에만 집착하더군요. 그렇게 하면 진짜 산을 모르고 산행하는 거예요.

천천히 가도 되니 저기 지저귀는 새 소리도 듣고, 계절의 변화도 느끼고, 예쁜 꽃도 보면서 올라가세요. 오늘 정상까지 다 못 올라가면 어때요. 다음에 다시 가면 되죠. 올라가는 과정 그 자체를 즐기세요." ✦

독신보다는
이혼

**사랑하는 이와
평생
함께한다는 것**

인생에서 가장 행복한 순간이 언제인가 생각해 보라.

아마 좋아하는 사람과 함께하는 시간일 것이다.

인간은 누구나 사람들과의 관계에서 행복감을 느낀다.

물론 혼자 있는 시간도 필요하지만,

언제나 혼자 있고 싶어 하진 않는다.

사랑하는 남자와의 뜨거운 연애 기간도 좋지만,

그 남자와 평생을 함께한다는 믿음과

서로를 의지하는 신뢰는

인생에서 큰 의미를 지닌다.

주변에 아직 결혼하지 않은 친구들이 제법 있다. 내 나이가 올해 마흔넷이니, 아무리 결혼 적령기가 늦어졌다 해도 진정 노처녀가 된 셈이다. 아직 결혼하지 않은 친구의 이야기를 들어 보면 아예 결혼을 생각지도 않는 비혼주의자도 있고, 아직 결혼을 망설이는 친구도 있다. 오늘도 퇴근길에 친구로부터 전화가 왔다.

"야, 너 남자친구랑 결혼은 안 하냐? 네 나이가 몇 갠데, 결혼을 해야지."

그러면 친구는 단념한 듯 말한다.

"남자 친구랑 사이는 좋은데, 막상 결혼을 생각하려다 보니 좀 겁이 나네. 이젠 나이가 드니깐 더 따지게 되고, 확신이 안 서게 된다니깐."

친구들의 단골 멘트다. 오늘은 나도 다른 방법으로 설득해 보기로 한다.

"결혼 생활이 어떻게 완벽할 수가 있겠어. 그래도 해도 후회 안 해도 후회니깐 한번 용기를 내봐. 지금은 젊어서 괜찮을 수 있지만, 나이 들어 혼자면 너무 외롭지 않겠어? 우선 결혼을 긍정적으로 진지하게 생각해 봐. 정 안 되면 이혼이라도 하면 되지!"

친구는 "말이 쉽지."라고 이야기하며 더 이상 대화를 이어나가길 원하지 않는다. 친구 말이 맞긴 하다. 결혼도 쉽지 않지만, 이혼은 더더욱 쉬운 일이 아닌 것은 사실이다.

그렇지만 해보지도 않고 막연히 결혼이 두려워서 결혼을 망설이기보다는 일단 해보는 것이 낫다.

물론 나 또한 결혼을 후회한 적이 있다. 아직 우리나라에서는 결혼 이후 여성이 감내해야 할 여러 가지 희생이 유형, 무형으로 존재한다. 대표적인 것이 육아, 시댁 문제, 경제 활동 부분이다. 그중에 가장 큰 것은 결혼 전에는 그렇게 자상하던 남편이 온데간데없어졌다는 점이다. 연애와 결혼이라는 현실의 차이에서 오는 괴리감을 감당해 내기란 쉽지 않다.

또 하나는 아이를 키우는 일이다. 나도 처음이라 그런지, 아이 키우는 건 정말 힘들다. 돈은 또 왜 그렇게 많이 드는지. 하루하루 그렇게 살아가는 것이 억울하고 버티기 힘들 때, 막다른 골목에 다다랐다고 생각하는 경우가 많다.

주변 친구들이나 지인들의 이야기를 들어보면 기가 막힐 일이 한둘이 아니다. 남편이 돈을 안 벌어 줘서 여자가 밖에 나가 뼈 빠지게 일하는 경우도 있고, 시댁의 지나친 간섭과 몰상식한 언어폭력들, 사춘기 시기의 아이들의 반항과 심리적 갈등 등등, 열거하려면 끝도 없다.

결혼하지 않은 친구가 이런 하소연을 들으면 인상을 찌푸리게 하는 일들이다. 현실적인 결혼 생활의 힘든 모습들을 보고 들으면 아마 그 누구도 결혼하기 싫어질 것이다.

하지만 나는 이런 이야기에 겁먹고 결혼을 망설이는 친구들에게 '우리에게는 이혼이라는 좋은 제도가 있다'고 망설이지 않고 이야기한다. 이혼을 더는 예전처럼 색안경을 끼고 나쁘게 보지 않는 시대가 되었기 때문이다.

좀 과장해서 이야기하자면, 나는 이혼하지 않고 사는 우리네 부모님 세대가 좋아 보이지 않는다. 그들은 아무 일 없이 행복해서 이혼하지 않은 것이 아니라, 이혼하고 홀로서기를 하는 것이 두려워 이혼하지 않은 것이다. 또한 자녀에게 이혼한 부모의 자식이라는 소리를 듣지 않게 하려고, 수많은 세월 동안 불행을 감당하며 희생했을 수도 있다고 생각한다.

그 희생이 감사한가? 나의 경우는 그 반대이다. 우리 부모님도 뼛속까지 서로 안 맞는 부부였다. 두 분도 서로 인정하셨다.

그런 부모님을 보며 사춘기가 절정인 시기에는 부모님이 이혼했으면 좋겠다고 생각했다. 우리를 위해 참으며 산다는 그 말이 참으로 이해가 안 갔다.

그 생각은 지금도 유효하다. 내 삶이 부모님이 이혼했다고 해서 크게 달라졌을 거라는 생각이 들진 않는다. 지금도 '부모님이 각자의 삶을 살았으면 좀 더 행복하지 않았을까?' 하고 생각한다. 그래서 나는 이혼이라는 제도를 두려워하거나 실패의 꼬리표라고 생각하지 않는다.

요즘은 이혼하는 사람이 많이 늘어서 이혼에 대한 인식이 바뀌고 있다. 마치 흡연에 대한 인식이 바뀌고 있는 것처럼 말이다. 어릴 적에는 아버지가 집 안에서 담배를 피웠다. 초등학생 때는 담임선생님도 교실에서 담배를 피웠고, 버스에서 아저씨들이 의자에 앉아 담배를 피웠다. 그렇게 아무 곳에서나 담배를 피워도 이상하지 않은 시절이 있었다.

지금은 어떠한가. 주변에서 담배 피우는 사람을 보면 이상하게 본다. 가끔 새로운 사람을 만나면 의아해하며 질문하곤 한다.

"아직 담배를 피우세요?"

그러면 상대방은 쑥스러운 듯이 대답한다.

"네. 아직 못 끊었어요."

담배를 피우는 사람 중에는 구석구석 숨어서 피우는 경우가 예전보다 늘어났다. 불과 20~30년 동안에 사회는 그렇게 담배 피우는 사람을 내몰았다. 이렇듯 이혼이라는 사회의 풍경도 마찬가지이다.

나도 가끔 농담 삼아 묻곤 한다.

"아직도 이혼 안 하셨어요?"

이혼은 더는 행복한 가정생활을 깨는 폭력적인 제도가 아니다. 그 폭력 속에서 한 개인을 자유롭게 행복한 삶을 살 수 있도록 인도해 주는 제도라고 나는 생각한다.

'연애 따로 결혼 따로'라는 말도 있다. 해 보지 않은 이상 어찌 알겠는가. 아무리 고르고 골라도 제 입맛에 맞지 않는 것이 결혼이고 얼떨결에 한 결혼이라도 잘만 사는 것이 결혼인 것 같다.

그런가 하면 자녀의 경우에는 또 어떤가? 우리 언니는 심지어 이런 말까지 한다.

"자식은 랜덤이여."

얼마나 맞는 말인가. 자식 또한 부모가 잘 키우려고 아무리 애

쓰고 노력해도 자녀들이 삐뚤어지는 경우가 있고, 별로 신경 쓰지 않아도 공부 잘하고 착하게 잘 자라는 아이들도 정말 많다. 이 모든 것을 확률이나 경험담에 비추어 살 수는 없는 노릇이다.

그래서 나는 미혼 여성들에게 이렇게 이야기한다.

"결혼을 할까 말까 망설이며 두려워할 시간에 도전 한번 해보세요. 결혼은 살면서 정말 한 번쯤 해 볼 만한, 행복을 선물해 주는 마법 같은 거랍니다."

결혼이라는 것이 생각만큼 찬란한 행복을 매일 안겨 주진 않는다. 하지만 홀로 외롭게 독신으로 늙어 가는 것보다는 수많은 행복을 선사해 준다.

그래도 후회가 되면 별거를 해도 되고, 이혼을 해도 된다. 결혼하면 행복한 것들이 얼마나 많은데, 감내해야 할 두려움 때문에 못한다면 그것은 어리석은 일이다.

인생에서 가장 행복한 순간이 언제인가 생각해 보라. 대부분의 사람은 좋아하는 사람과 함께하는 시간을 꼽을 것이다. 인간은 누구나 사람들과의 관계에서 행복감을 느낀다.

물론 혼자 있는 시간도 필요하지만, 언제나 혼자 있고 싶어 하진 않는다. 사랑하는 남자와 뜨거운 연애 기간도 좋지만, 어떤 일이 있더라도 그와 평생을 함께한다는 믿음과 서로를 의지하는 신뢰는 인생에서 큰 의미를 지닌다.

여행을 해본 사람은 여행의 맛을 안다. 술을 마셔본 사람은 술맛을 안다. 자식도 낳아본 사람만이 알 수 있는 사랑의 즐거움이 있다. 즐거움이라기보단 인생의 전부를 놓고 이야기할 만큼 큰 사랑과 보람 같은 것이다. 이건 해본 사람만이 안다.

결혼이 아직도 두려운가. 나는 오늘도 친구들에게 목소리를 높여 이야기한다.

"친구야, 독신으로 사는 것보단 결혼하면 훨씬 더 행복하니 결혼을 망설이지 마!" ✦

2

여자의 일은
계속되어야 한다

중요한 것은 일이건, 가족이건 그 중심에 자리한 '나'라는 독자성을 절대로 잊어서는 안 된다는 점이다. 내가 온전히 나로 존재할 때, 가족과 나의 일 사이에서 조화를 찾을 수 있다.

여자의 일이
계속되어야 하는 이유 · I

일하는 여자의
10가지 가치

여자의 일은 여자를 당당하게 만든다.

여자의 일은 여자를 여자답게 만든다.

여자는 일을 통해 배우며 성숙한다.

일은 여자에게 재미있는 삶을 선물한다.

여자는 일을 통한 관계 속에서 삶의 가치를 찾는다.

엄마의 일하는 모습은 자녀에게 훌륭한 모델이 된다.

여자는 일을 통해 꿈과 욕망을 성취한다.

일은 여자를 경제적으로 자유롭게 만든다.

일은 여자의 삶의 질을 향상시킨다.

여자는 일을 통해 자기 삶의 주인이 된다.

"어머님, 여기 유치원인데요. 시헌이가 오늘도 친구를 때려서 친구가 많이 울었어요. 서로 사과하고 마무리 지었지만, 집에서도 지도 부탁드릴게요."

"집에서도 신경 쓰고 있는데, 죄송합니다."

사흘 연속 아들이 친구들과 싸우는 문제로 유치원에서 전화가 왔다. 친구들과 장난하며 놀다가 때리는 버릇이 생겼나 보다. 이렇게 뭔가 문제가 생기면 워킹맘은 자책부터 한다.

'내가 일을 해서 이런 일이 생기는 걸까?'

'육아에 좀 더 집중해야 하나?'

'일을 그만두고 아이와 함께 더 많은 시간을 보내야만 하는 건 아닐까?'

오만가지 생각에 깊은 고민에 빠져 일을 그만두게 되는 경우도 많다. 아이에게 문제가 생겼을 때 그것이 자기 잘못인 양 죄책감에 시달리기 때문이다.

워킹맘은 아이와의 관계가 소원해도 자신 때문이라고 생각한다. 아이의 문제가 아빠가 직장에 다니기 때문이 아니듯, 자신이 워킹맘이기 때문에 문제가 생기는 게 아닌데도 말이다. 다른 것이 원인인 경우도 많은데, 워킹맘은 자신이 전업주부가 아니라서 아이가 잘못되었다고 자책하는 경향이 있다.

이럴 때 문제를 바로 볼 수 있는 정확한 시각이 필요하다. 나의 경우 아이의 습관이나 특정 행동이 문제를 일으켰다면, 그 원인을 분석하고 올바르게 대처하고자 노력하는 편이다. 일을 그만둘 생각은 절대 하지 않는다. 그렇게 일까지 그만두면서 자녀 교육에 나선 엄마는 아이에 대한 기대치가 높아져서, 오히려 자녀와의 관계가 악화되는 경우를 많이 봤다.

과거에는 결혼하고 나서 일을 그만두는 사람들 대부분이 여성이었다. 그런데 요즘에는 성별을 떠나서 더 많이 버는 쪽이 일하고, 더 적게 버는 쪽이 육아를 선택하는 경우가 늘었다.

남자건 여자건 자신이 해 오고 있던 일을 그만두는 것에 대해 나는 반대한다. 부부가 같이 벌고 일하는 사람을 쓰거나 교육 기관의 도움을 받는 편이 더 낫다.

결혼해서 여성이 자기 일을 그만두는 이유는 그 직업이 마음에 들지 않은 경우도 있지만, 대부분이 육아 문제 때문이다.

결혼생활에서는 남자든 여자든 공평해야 한다. 집안일도 공평하게 하고, 돈도 함께 벌어야 한다. 액수의 많고 적음은 별개의 문제이다.

　나 또한 결혼 전부터 일을 하고 있었고, 지금도 일을 하고 있다. 일을 그만두고 싶은 적도 있지만, 단지 결혼을 이유로 그만뒀다면 분명 후회했을 것이다.

　주변에 일을 그만둔 워킹맘은 대부분 교육에 올인하고 있다. 그런데 아이를 좀 키워 놓고 나서는 후회하는 경우가 많다. 사회 활동을 하고 싶어도 받아 주는 곳이 없기 때문이다. 물론 요즘 경력 단절 여성을 위한 교육 프로그램이나 취업 패키지도 많지만, 취업은 그리 녹록지 않다.

　뒤늦게 자격증에 대학원 과정에 진학까지 해 보더라도, 취직은 하늘의 별 따기이다. 고학력자임에도 불구하고 아르바이트를 하기도 한다. 반면에 육아를 병행할 당시에 힘들어도 일을 그만두지 않고 꾸준히 일한 경우는 전문가로 활동하면서 고액 연봉의 고위직에 오르기도 한다.

　이렇듯 사회는 냉정하다. 그 속에서 사람들과 부대끼는 가운데 나의 존재를 확인하고, 나를 지켜 나가기 위해서는 여성도 일을 계속해야 한다.

다음은 라디오에서 들었던 일화이다.

◉

한 여성이 아이를 낳고 일을 그만두게 되었다. 아이가 초등학교를 졸업하고 나니 시간이 많이 생겼다. 집에서 놀기만 하는 것이 아닌데, 남편 눈치가 보이기 시작했다. 그래서 일자리를 찾으려고 노력했지만, 쉽지 않았다.

아이가 중학생이 되니 학원이다 뭐다 돈 들어가는 곳이 훨씬 더 많아졌고, 남편 혼자 벌어 그 비용을 감당하기가 어려웠다. 저축은커녕 매달 적자였다.

경제적 어려움뿐만 아니라 사춘기에 접어든 아이와 눈치를 주는 남편 탓에 우울증에 시달리기까지 했다. 그녀는 그제야 일을 그만둔 것을 뼈저리게 후회했다.

아마 많은 여성이 이런 현실의 벽에 부딪혀 힘들어할 것이다. 오늘날 여성에게 일이란 '할까 말까?' 고민하여 선택하는 영역이 아니라 한 인간이 성숙한 삶을 살기 위해 필요한 영역이다. 이제 남자가 밖에 나가 돈을 벌고 여자가 살림하는 시대는 지났다. 남자가 집안일을 할까, 돈을 벌까 고민하지 않듯이 여자도 당연히 고민 없이 일해야 하며 돈을 벌어야 하는 시대인 것이다.

일하지 않는 여성은 남편과 동등한 상황이 아니라고 말하는 것이 아니다. 남자가 돈 버는 것이 당연하듯, 여자가 돈 버는 것도 당연하다는 뜻이다.

그리고 자신의 분야에서 경력을 쌓으면서 일을 계속하다 보면, 아무래도 좀 더 당당해질 수 있다. 물론 물질적 가치를 대표하는 '돈'이 인생의 전부라고 할 수는 없다. 하지만 물질적 가치를 외면한 채 살아갈 수도 없는 노릇이다. 그렇다 보니 아무래도 돈을 많이 벌어오는 쪽의 목소리가 커지기 마련이다. 집안일이 많고 힘이 들어도 아직까진 그것을 전문직으로 받아들이지 않는다.

계속 일을 하면 스스로 성장할 수 있다. 일을 한다는 것은 사회 속에서 살아간다는 것을 의미하며, 다양한 경험을 쌓는 것이다. 많은 사람을 만나기도 하고, 함께 일하며 많은 것을 배우는 과정에서 성장한다.

특히 나는 사회에서 다양한 경험을 하면서 여러모로 배운 게 많다. 직업적인 전문 지식도 쌓이지만, 각계각층의 사람과 선후배의 인생 경험을 보고 들으면서 삶의 지혜를 배울 수 있었다.

직접 돈을 벌다 보니 돈의 중요성을 알고 있고, 당연히 남편이 얼마나 힘들게 돈을 버는지도 알고 있다. 그래서 남편을 더 깊이 있게 이해하고 배려할 수 있게 되었다.

내가 생각해도 나는 성격이 까칠하고 손이 많이 가는 스타일이다. 그래서 만약 내가 일을 하지 않았다면 남편에게 한없이 바라기만 하는 투정쟁이가 되지 않았을까 하는 생각도 든다.

상대방에 대한 이해의 폭이 넓어지고 배려심이 깊어진다는 것은 정신적 성숙을 의미한다. 결론적으로 일을 하는 것은 한 인간으로서 보다 성숙한 삶을 살게 해 준다. ✳

여자의 일이
계속되어야 하는 이유 · Ⅱ

나이가 들어서도 할 수 있는 일

우리는 하고 싶은 일이 있어도

돈을 번다고 하지 못한 것을

'나이 들어 시간이 나면 하지.' 하면서 미루곤 한다.

막상 나이가 들면, 늘어난 시간을 주체하지 못한다.

그러니 젊을 때부터 노년에 할 일을 미리 준비하자.

그것이 윤 작가의 노모처럼

돈도 벌 수 있는 일이라면 얼마나 멋질까?

자식을 위해 모든 것을 희생한 공을

모른다고 탓하기보다는,

자식에게 용돈 받아 살기보다는, 용돈을 주는 삶을 살자.

그렇기에 여자의 일은 계속되어야 한다.

여자는 여러 이름으로 불린다. 누군가의 딸, 아내, 엄마, 며느리, 시어머니, 시누이, 이모, 고모 등 참으로 다양하다. 한 명의 사람이 이런 다양한 역할을 모두 소화해 내는 것이 신기하기도 하다.

때로는 주어진 역할만 하는 여자의 인생에 '희생'이라는 단어가 자주 등장한다. 자기의 꿈을 접고 자의든 타의든 배정받은 역할만 충실했던 여자들은 자신을 희생했다고 생각한다.

특히 과거 우리 부모님 세대에는 이런 역할의 강요가 더욱 심했고 역할을 수행하는 존재로만 인식되곤 했다.

나의 어머니도 누군가의 어여쁜 딸이었을 것이며 수줍은 미소를 지닌 새색시였고, 호랑이 시어머니 밑에서 시집살이를 한 며느리였을 것이다. 나는 그런 여자로서의 엄마를 한 사람의 여자로 인식해 본 적이 한 번도 없었던 것 같다. 그냥 나에게 엄마는 엄마로만 존재했다.

그 시절에는 그런 게 당연했다. 엄마들의 희생이 있었기에 오늘날 '여성 해방'이라는 말이 나왔는지는 모르겠다. 하지만 전통적으로 집안일은 아직 여성의 몫으로 남겨져 있다.

더욱이 요즘에는 추가로 여성이 경제 활동까지 책임지는 경우도 많다. 부정적으로만 볼 이야기는 아니다. 다양한 역할을 소화하려고 하다 보니 힘든 경우가 많지만, 여성이 경제력을 가진다는 것은 꽤 긍정적인 측면이 있다.

역설적으로 본다면 여성의 경제력은 가정이라는 울타리에서 여자를 벗어나게 해 준 것이기도 하다. 더는 희생만을 강요받는 여성이 아니어도 된다는 것을 의미한다.

왜 여자만이 희생해야 하는가? 여자도 남자와 똑같이 어렸을 때 이루고 싶은 꿈이 있고 독립된 사람으로 하고 싶은 것이 많은 소녀였다. 하고 싶은 것을 하는 자유는 남자에게만 허용된 자유가 아니다. 그런 시대도 있었지만, 지금은 시대가 변했다.

남자가 밖에 나가 돈을 벌어오는 것이 만만한 일이 아님을 잘 알고 있다. 나도 누구보다도 일을 많이 하는 사람이라서 그 수고스러움을 모르는 것이 아니다.

그러나 문제는 정작 다른 데 있다. 바로 자녀의 육아, 집안일, 집안의 대소사를 챙기는 것은 여전히 여성의 몫으로 자리 잡고 있다는 점이다.

현대는 맞벌이 부부들이 많아서 다양한 문제가 생기기 마련이다. 그러면 화살은 자연스레 남자가 아닌 여자에게로 향하고, 육아의 책임 등과 관련하여 무언의 압박이나 희생을 강요받기도 한다.

이러한 선택은 아내 한 사람의 희생으로 소중한 가정을 지킬 수 있다는 말로 그럴듯하게 합리화될 것 같기도 하다. 하지만 그것은 커다란 착각이다.

자신의 삶을 통째로 가정과 자녀를 위해 모두 쏟아붓더라도 자녀는 성장하고 나면 제 살길을 찾아 떠난다. 자녀 교육에만 신경 쓰느라 부부 관계에도 소원했는데, 아이들이 더 이상 자신을 찾지 않으면 심한 우울감에 빠지는 여성들도 많다.

그런 사람들이 "자식 키워 놨더니 자신의 공을 모른다."라며 하소연한다. 그러고는 무력감과 회의감에 휩싸여 의미 없고 우울한 하루하루를 살아가는 것은 너무나 안타까운 일이다.

부모로서 자식을 키운다는 것은 공을 세우는 일이 아니라 당연히 해야 할 바를 하는 것이다. 자식이 부모의 공을 알아주면 좋겠지만, 더는 효도를 바랄 수 있는 세상이 아니다.

자녀 교육에만 올인하는 것은 자녀에게나 자신에게나 좋은 일이라고 할 수 없다. 여자도 자기 일을 하며 자신의 인생에서 하고 싶은 일을 해야 한다. 일하면서도 자녀를 훌륭하게 키워 낸 사례들은 수없이 많다.

자녀는 자연스러운 발달 단계에 따라 자라기 마련이다. 부모가 자녀에게 희생을 강요하는 경우는 흔해도 그 반대 사례는 본 적이 없다.

부모는 자신의 삶에 최선을 다하는 모습만 보여 주면 된다. 그것을 보고 자녀는 스스로 성장하는 것이지, 부모의 뒷바라지가 자녀의 성공 여부를 결정하는 요소는 아니다.

자녀 잘 키우는 비법을 동네 학원 정보를 줄줄 꿰고 있는 입김 센 옆집 엄마한테서 얻으려 하면 안 된다. 이제 자녀 때문에, 남편 때문에 자신을 희생했다는 말이 더는 여자 입에서 나오지 않기를 진심으로 바란다. 그러려면 여자도 일해야 한다. 그래서 다음과 같이 말하고 싶다.

"여성들이여, 결혼을 하더라도 일은 계속되어야 한다!"

내가 운영하는 인문학 카페 '이야기 끓이는 주전자'에서 인문학 프로그램을 진행하는 윤창영 작가에게는 아흔을 넘긴 노모가 계신다. 고령에도 불구하고 현재까지 시장에 나가 콩나물을 파시는 보기 드문 현역이다.

젊어서부터 콩나물 장사를 했던 그분으로서는 일이 인생의 일부가 된 것이리라. 그런 어머니를 둔 윤 작가는 이렇게 말한다.

"아마 어머니가 장사하지 않았다면 벌써 돌아가셨을 겁니다. 지금이라도 장사를 손에서 놓게 된다면 요양원 신세를 져야 할 겁니다. 어머니에게는 장사가 생명줄입니다."

맞는 말이다. 일이 있기에 건강할 수 있으며, 돈을 벌기에 살아가는 것이 나이가 들어도 재미있는 것이다. 노모는 직접 번 돈으로 예순 줄에 들어선 윤 작가에게 매일 용돈을 만 원씩 주신다고 한다. 그 돈으로 그는 시장에서 어묵도 사 먹고 담배도 사서 피운다. 다른 노인들은 자녀에게 손을 벌리지만, 윤 작가의 노모는 그 반대이다. 얼마나 멋진 인생인가?

일은 중요하다. 여자도 일해야 하며, 가능하면 나이 들어서까지 계속할 수 있는 일을 가져야 한다. ✳

경제적 자유,
가치 있는 삶

가치 없는   돈을 버는 일은 힘들다.
일은 없다
일이 힘들지 않으려면

일에서 재미를 찾아야 한다.

재미 찾기란 일의 가치를 아는 것이며,

일의 가치는 의미 부여로 생긴다.

모든 일이 재미있을 수만은 없다.

하지만 가치를 찾지 못할 일은 없다.

나는 한 남자의 아내이자 한 아이의 엄마일 뿐만 아니라 여러 가지 일을 동시에 하고 있다. 하는 일만 네 가지가 넘는다. 한 가지도 아니고 네 가지 일을 어떻게 하느냐고 의아해하는 사람도 있는데, 이 모든 일이 직간접적으로 서로 연관되어 있기에 가능하다. 아무리 생각해도 어느 것 하나 포기하고 싶은 일이 없다. 돈을 못 벌더라도 포기하고 싶지 않은 일들이다.

여자가 결혼하고 나서 일을 그만두는 이유는 여러 가지겠지만, 일을 돈벌이 수단으로만 여기는 태도가 큰 비중을 차지한다. 결혼하면 남편이 경제활동을 하니 돈을 안 벌어도 된다고 생각하고 일을 손에서 놓는 것이다.

내가 몸담고 있는 일 중 하나인 학원에서도 여선생님들이 결혼하면 일을 그만두는 경우가 많다. 학원 일은 학생들을 가르치는 것이 주요 업무인데, 별난 학부모들이 많기도 하거니와 학생이 말을 잘 듣지 않아 공부시키는 것이 굉장히 힘들다. 또 수업이 학생 성적과 직결되기에 선생님들은 정신적·육체적 스트레스에 시달린다.

학교 시험 기간이면 선생님들도 학생들과 똑같이 시험공부를 무한 반복하지만, 성적에 민감한 학부모를 만족시켜 주기 위해서 말

안 듣는 아이들의 성적을 올리기란 만만치 않다. 게다가 시험 기간이 되면 주말까지 고스란히 바쳐서 공부를 시켜야 한다.

나는 돈만 보고 일하는 사람은 불행한 사람이라고 생각한다. 자신이 좋아하는 일을 해도 이렇게 힘이 드는데, 오직 돈만을 목적으로 일하는 것은 얼마나 힘들겠는가. 그러니 여건만 되면 당장 그만두는 것이다. 결국 결혼 전부터 자신의 적성에 잘 맞는 일을 찾는 것이 중요하다.

돈을 번다는 것은 단순히 생산 활동으로 그치는 것이 아니라 많은 의미를 지닌다. 돈은 정신적·육체적으로 양적 즐거움뿐만 아니라 질적 즐거움도 선사한다. 돈이 있는데 안 쓰는 것과 없어서 못 쓰는 것은 천지차이다. 그래서 나는 내가 원하는 삶을 살기 위해 오늘도 열심히 일한다.

너무 뻔한 이야기 같지만, 일을 하는 궁극적인 목적은 삶의 가치를 높이기 위해서이다. 일을 하면서 사람들을 만나고, 커뮤니티 속에서 소통하며 더 나은 삶을 추구할 수 있다. 또한 좋아하는 일을 하는 과정에서 보람을 느낄 수 있다. 한마디로 일이란 한 사람이 자신의 꿈을 이루어 가는 과정이라 할 수 있다.

일하면서 즐겁게 돈을 벌면 돈의 주인이 되지만, 하기 싫은 일을 억지로 하면 돈의 노예가 된다. 돈의 노예로 사느냐, 주인으로 사느냐는 본인의 선택에 달려 있다.

하기 싫은 일을 억지로 해야만 하는 상황이라면, 도저히 피할 수 없는 일이라면, 마인드를 바꾸거나, 일을 바꿔야 한다. 어떤 일이든 긍정적인 요인이 있다. 그 일에서 긍정적인 요인을 도저히 찾을 수 없다면 그때는 자신과 맞는 다른 일을 찾아야 한다. 찾으려는 의지만 있다면 자신과 맞는 일을 찾지 못할 이유는 세상 어디에도 없다.

내가 종사하고 있는 학원 일은 힘들기는 해도 장차 다음 세대를 이끌어 갈 주인공들을 교육하는 일이다. 아무리 고단하더라도 이 아이들이 성장하여 당당하게 살아갈 모습을 생각하면 보람되고 힘이 생긴다. 이 얼마나 가치 있는 일인가.

바빠서 그런 걸 생각할 여유가 없다고 말할 수도 있다. 그런데 따지고 보면 무엇이 자신을 그렇게 바쁘게 하는지 그 원인부터 찾아야 한다.

현대인은 '바쁘다'라는 말을 입에 달고 산다. 하지만 생활을 냉정하게 분석해 보면, 일이 바쁜 것이 아니라 자신의 마음이 바쁜 것이다.

아무리 바빠도 해야 할 것은 해야 한다. 나 자신과 맞는 일을 찾거나, 나를 그렇게 바쁘게 만든 일에 대해 새로운 의미를 부여하는 일보다 더 시급한 일이 있을까? 자기 삶의 질을 결정하는 문제는 그 무엇보다 중요하다. ✳

나와 일,
그리고 가정의
조화로움

나와 일,
그리고
가정

나-일-가정의 조화를 위해서는

나의 루틴을 가지며, 가족과 소통해야 한다.

나와 일과 가정 사이는

보이지 않는 끈으로 연결되어 있다.

그 끈의 다른 이름은 '관심'이다.

나와 일과 가정의 꼭짓점을 잇는

끈으로 연결된 삼각형 안에

여자의 가치 있는 삶이 들어 있다.

삶에서 가장 중요한 것은 무엇일까? 최근 사회적으로 화두가 되는 인문학에서 이야기하는 것은 다음 세 가지 질문이다.

⊚

첫째, 나는 누구인가?

둘째, 나는 이 세계를 어떻게 인식하는가?

셋째, 나는 어떻게 살 것인가?

인류가 수천 년 전부터 했던 고민인데, 이 시대에도 우리는 여전히 같은 고민을 하며 살아가고 있다.

나는 청소년 대상의 인문학 특강을 자주 하는데, 최근에도 영재교육원과 청소년 수련원에서 '나는 누구인가?'라는 주제로 특강을 한 바 있다.

이 수업은 난해한 철학적 개념보다는 '정체성'이란 무엇이고 '자존감'은 어떻게 생겨나는지를 위주로 이야기한다. 자신이 누구인지를 알고 나면 자신을 전보다 사랑할 수 있게 된다.

그런 의미에서 정체성과 자존감의 의미를 이해하고 자신에 대해 고민하고 체험해 보는 시간을 가지고자 학생들에게 간단한 그림을 그리게 한다.

자신이 어떤 걸 좋아하고 싫어하는지, 스스로 바라보는 자신의 모습은 어떠하고, 부모님이나 친구, 선생님 등의 타인이 바라보는 자신의 모습은 어떠한지 알아보는 간단한 미술 치료 체험 수업이다.

예컨대 나는 학생들에게 다음과 같은 질문들을 던진다.

◎

"내가 동물이라면 어떤 동물일까요?"

"나의 보물 1호를 그려 보세요."

"오늘의 내 기분은 무슨 색인가요?"

"내가 좋아하는 여러 가지 음식 중 딱 하나만 골라 그려 보세요."

"살면서 자신이 가장 자랑스러운 순간은 언제였나요?"

⋮

이런 식의 12가지 질문에 대한 답을 그림으로 그려보게 한다. 사실 12가지가 아니라 100가지가 넘는 질문이 나올 수도 있다. 이 수업을 수십 차례 진행했지만, 아이들은 자신이 어떤 색을 좋아하고 무엇을 원하는지조차 답하는 것을 어려워했다. 심지어 몰라서 답을 못

하는 경우도 허다하게 있었다.

　어른도 마찬가지일 것이다. 간단한 질문에도 자신이 뭘 좋아하는지 어떤 것을 원하는지 몰라 답을 하지 못하는 상황을 지켜보면서, 우리가 자신에 대해 얼마나 무지한지를 알 수 있었다.

　예전에는 "먹고살자고 하는 짓인데."라는 말을 많이 했다면, 이제는 먹고살 만한 세상이기에 이 말은 맞지 않는다. 행복하기 위해 하는 일인데, 내가 뭘 좋아하고 싫어하는지조차 모르며 살아간다는 것은 정말 안타까운 일이다. 그것도 모르는데 '어떻게 살 것인지'를 어떻게 알 것인가?

　그러니 '생각한 대로 살아가지 못하면 사는 대로 생각하게 된다'는 말이 나올 수밖에. 자신이 어떤 사람인지를 안다면 어떻게 사는 것이 행복한 삶인지 알 것이고, 그 행복을 위해 자신의 방향을 잡을 수 있을 텐데 말이다.

　나는 '조화로움'이라는 단어를 참 좋아한다. 어떤 것에 편향된 삶은 결국 반쪽짜리 삶밖에 살 수 없게 만든다.

부자라고 모두 행복하지 않다. 그 이유는 조화로움이 깨졌기 때문이라고 생각한다. 돈만 좇아가면 친구나 가족을 잃기 마련이다. 반면 친구와 가족 등의 주변 사람들을 너무 좋아하면 돈에서 멀어지기 쉽다.

인간관계도 마찬가지이다. 두루두루 친한 사람이 있는가 하면, 외골수적 인간관계를 고집하는 사람도 있다. 무엇이 더 좋다 안 좋다 말할 수 없지만, 나와 맞지 않은 주변 사람들을 배척하기보다 거리를 두고 적당한 관계를 형성해 두는 편이 훨씬 조화롭다고 할 수 있을 것이다.

결혼생활 또한 마찬가지다. 자녀나 가족에게 지나치게 집중하면 직장에서 미움받기 쉽고, 직장에만 충성을 다하면 가족들의 따가운 눈총을 피하기 어렵다. 자신이 일을 통해 얻는 성취감에서 행복을 찾는 성향인지, 아니면 가족과의 생활에서 더 많은 충족감을 느끼는 성향인지를 고민해 봐야 한다.

나의 경우 가족을 더할 나위 없이 사랑하지만, 일을 하는 것에서 더 큰 만족감을 느끼는 스타일이다. 다행히 남편과 아이도 그 부분을 인정해 주고 많이 도와주는 편이다.

만약 그렇지 않다 하더라도 더 노력하여 가족을 이해시키고 도움을 요청할 것이다. 내 삶에서 일과 가족의 비중이 각각 49%와 51%일지라도 자신의 성향을 파악하고 난 다음에 일과 가족 관계를 조화롭게 만들어 나가야 한다.

중요한 것은 일이건 가족이건 그 중심에 자리한 '나'라는 독자성을 절대로 잊어서는 안 된다는 점이다. 내가 온전히 나로 존재할 때 가족과 나의 일에서 조화를 찾을 수 있다.

일과 가족에서 조화를 찾는다는 것은 결코 쉬운 일이 아니다. '조화'라는 추상적인 단어를 실현하기 위해서는 구체적인 실천 방안이 필요한데, 그것이 바로 나의 루틴과 가족과의 소통이다.

워킹맘은 아이와 함께할 수 있는 시간이 절대적으로 부족하다. 그렇기에 나는 주말에는 가능하면 아이와 많은 시간을 보내려 하고, 아침 시간을 적극적으로 활용한다.

아이는 최소한 매일 아침 그리고 주말이면 엄마와 함께할 수 있다는 것을 잘 알고 있어 평일에 엄마와 보내는 시간이 적더라도 엄마를 이해하게 된다.

일을 하다 보면 함께하기로 한 약속을 지킬 수 없을 때도 생긴다. 그러면 왜 그런지 아이에게 차근차근 설명하여 이해시킨다.

남편에게도 마찬가지다. 나의 루틴을 이어가면서 가족과 충분히 소통한다면, 일과 가정을 얼마든지 조화롭게 꾸려 나갈 수 있는 것이다. ✳

학위는
삶의 업그레이드
시작점

삶의 우리는 삶을 업그레이드하고 싶어하지만,
업그레이드

사회는 하고 싶다고 당장 업그레이드해 주지 않는다.

특히 취업에 있어서 사회는 결코 녹록지 않다.

대학 학부는 4년이지만, 석사 과정은 2년이면 된다.

요즈음은 사이버 대학도 있어서

원하기만 하면 전문가로 인정받는 길은 열려 있다.

전문가가 되기 위해 10년의 경력을 쌓는 것보다는

석사나 박사 학위를 따는 것이

훨씬 효율적인 길이라 생각한다.

학위는 자체로도 중요하지만, 무엇인가를 시작할 수 있게 하는 계기가 되기도 한다. 학위를 따는 것은 연구나 학문을 하기 위함이지만, 내 경우는 솔직히 학위를 이용하기 위해서였다. 대학을 갓 졸업한 스물셋의 나에게는 울산이 답답했고, 미술 전공자로서 취업할 곳도 마땅치 않았으며, 작가로 활동하기에도 척박했다. 부모님은 내가 교회를 다니며 얌전하고 착하게 살다가 좋은 사람 만나 시집가기를 원하셨다.

하지만 난 그런 삶을 살고 싶지 않았다. 서울로 가고 싶었지만, 아무런 대책 없이 간다고 하면 반대하실 게 분명했다. 지금은 KTX가 운행되기도 하고 교통이 편리해졌지만, 그때만 해도 서울은 먼 곳이었고 아무나 갈 수 있는 곳이 아니었다.

그래서 머리를 쓴 것이 서울에 소재한 대학원에 가는 것이었다. 다행히도 울산대학교에서 유급 조교를 하고 있었다. 조교를 하다 보니 대학원에 가는 사람을 많이 보았고, 갈 수 있는 길도 보였다. 포트폴리오를 잘 준비하면, 서울에 있는 대학원에 갈 수 있겠다 싶었다.

하지만 들어보지도 못한 이름 없는 학교에 간다고 하면 부모님이 보내주지 않을 것 같아 좋은 곳으로 가야 했다. 한마디로 서울에 갈 명분이 필요했다.

교수님과 상의한 후, 1년 동안 부모님 몰래 준비했다. 대학교에서 전공한 순수미술과는 달리 문화산업, 예술 경영, 문화 기획을 공부하는 경희대학교 대학원 아트퓨전 디자인 문화기획과에 원서를 넣었고 합격했다.

또한 그 대학교에서 조교로 발탁되어 학비를 면제받게 되었고, 울산대학교 교수의 추천으로 대학로 극단에 인턴으로 일하며 돈도 벌게 되어 부모님을 설득하기도 쉬웠다. 뜻을 가지고 노력하니 주변에 도와주는 사람이 많았다. 보수적인 부모님은 학교를 다른 지역으로 보내기를 싫어하셨지만, 장학금을 받고 일자리까지 만드는 것을 보고 나를 믿어주셨다.

우여곡절 끝에 서울 생활이 시작되었다. 그동안은 울산을 떠나서 살아본 적이 없었다. 대학원에서 공부하고 조교 활동도 병행하면서 많은 프로젝트를 수행했다. 주말에는 대학로 연극 기획팀에서 일했는데, 공연장과 극단을 종횡무진으로 누비고 다녔다. 그때 가난한 예술가와 함께 호흡하면서 공연을 만드는 것이 나에게는 기쁨이었고 자긍심을 가지게 했다.

그렇게 3년을 다니며 석사학위를 받고, 잠실 롯데월드의 어린이 전용 뮤지컬 극장 기획팀에 입사했다. 대학로 바닥에서 성인극을 많이 해서인지, 어린이 전용 극장에서 일하는 것은 지루하고 재미가 없었다. 극장을 보유하고 있는 롯데월드는 갑의 입장이었고, 작은 극단들이 우리에게 와서 로비를 했다. 기획팀의 일은 매일 반복되는 패턴이었다. 지루함과 무료함을 느끼는 중에 '이렇게 나이가 들어가도 되나' 하는 생각이 들었다.

그때 〈마당을 나온 암탉〉 공연을 했다. 내가 미술 전공이다 보니 공연과 연계한 아이들 체험 행사를 기획했다. 별도의 부스를 만들어 공연을 본 아이들에게 공연과 관련된 내용을 체험하게 하는 수업을 진행했다. 많은 아이들을 만나면서 내가 아이를 좋아한다는 사실을 알게 되었다. 그러면서 미술 교육에 관심이 생겼다.

스물일곱 되던 당시에 공무원 시험 열풍이 불었다. 일반 회사는 정년을 보장받지 못했지만, 공무원은 잘릴 염려 없이 정년이 보장되었기에 너도나도 공무원 시험 준비를 할 때였다.

'나도 공무원 시험 준비를 해 볼까' 하는 생각을 하던 차에 미술 교사가 되면 잘할 수 있겠다는 생각이 들었다. 말하는 것도 좋아하고, 아이와 현장에서 호흡하는 것도 재미있고 즐거웠기 때문이다.

회사를 그만두고 또 한 번의 도전을 했다. 먼저 부모님을 설득해야 했기에 더 좋은 학교에 입학해야 할 필요성을 느꼈다. 미술 하면 대한민국에서 가장 유명한 홍익대에 맞춰 포트폴리오와 입시 준비를 했고, 결국 홍익대학원 미술교육학과에 합격했다. 그곳을 졸업하면 중등 교원자격증이 나온다. 사립 중고교 취업은 물론, 국립 중고교 교사 임용 시험에 응시할 자격이 주어진다. 2년 반 동안 대학원 공부를 하면서 교원 임용시험도 같이 준비했다.

대학원에서 석사 학위를 받고 미술 교사가 되는 꿈을 키우며 노량진에서 1년 정도 준비를 하던 중에 어머니가 돌아가셨다. 온 가족이 슬픔에 빠져 공부할 상황이 되지 못했다.

특히 어머니를 많이 의지하며 함께 살았던 언니가 우울증에 빠질 정도로 힘들어했다. 동생은 호주에 살고 있었기에, 언니는 나에게 울산으로 내려오면 어떻겠느냐는 제안을 했다. 나도 합격이 불투명한 공무원 시험 준비를 하느라 지쳐 있었고, 언제까지 서울에서 외로운 삶을 이어 나갈 수도 없었던 터라 언니의 제안을 받아들였다.

울산에 올 때 언니가 나에게 하고 싶은 것이 무엇인지 물었다. 금전적으로 도와준다고 하여 미술학원을 차릴까 생각도 했지만, 결국 언니가 운영하던 공방의 반을 나누어 쓰기로 하고 카페를 차렸다. 고시 생활을 하느라 지친 심신을 달래며 내가 좋아하는 분위기를 연출하면서 카페에서 커피와 와인을 팔았다. 2~3년 지나고 나니 그것 또한 무료해졌다.

그러던 어느 날 선배가 하는 학원에 놀러 갔는데, 선배는 그동안 공부한 것이 아깝지 않느냐며 전공을 살리라고 권유했다. 그리고 학원을 함께 운영하자고 제안했다. 카페를 하면서 동시에 부원장으로 선배와 함께 학원을 운영하게 되었다.

그러다 남편을 만나서 결혼했고, 결혼하면서 카페는 접고 전적으로 학원 운영에만 전념했다. 아이를 가까이하다 보니 공부에 지치고 부모의 기대에 지친 아이들이 눈에 들어왔다. 학원 하면서 돈도 많이 벌었지만, 아이들을 입시지옥에 몰아넣는다는 자책감이 드는 것이 싫기도 했다. 또한 아이의 성적에 따라 상처받는 부모의 굴레가 이해되지 않았다.

그래서인지 심리학에 관련된 책이나 철학, 인문 서적과 관련된 책들이 눈에 들어왔다. 인간의 근원적인 정서를 다루는 책을 읽기는 쉽지 않았지만 열심히 읽었다. 특히 전공이 미술이다 보니 미술 심리 치료책을 많이 읽게 되었고 현장 교육에 접목해 수업을 진행했다.

그 과정에서 부족한 점을 느꼈고 전문적으로 미술 치료 공부를 하고 싶다는 생각이 강하게 들었다. 그래서 차의과대학원의 미술 치료학과에 도전하게 되었다. 의과대학원이라 합격할 수 있을지, 울산에서 생활한 지 10년이 지났는데 서울을 오가며 공부할 수 있을지 걱정되었다. 하지만 용기를 내어 도전했다.

지금은 합격해서 서울과 울산을 오가며 미술 치료 공부를 하고 있다. 남들은 하나도 힘들다는 석사 학위를 2개 받았고, 3개째 도전하고 있다.

막연하게 무언가를 하고 싶다고 생각하기는 쉽다. 하지만 실천하기란 쉽지 않은 일이다. 학위를 받는 것은 나를 한 단계 더 업그레이드하는 일이며, 원하는 삶에 좀 더 가까이 다가가게 하는 수단이라는 생각이 들었다. 결혼하여 어린 아들까지 두었지만, 내 꿈을 포기하지 않았다.

한 분야에서 전문가로 인정을 받으려면 그 분야에서 10년 이상 경력을 쌓아야 한다. 하지만 대학원의 학위를 따는 것은 2~3년 안에 전문가로 인정을 받는 일이다. 그만큼 시간이 단축된다. 그 안에서 많은 것을 배우고 많은 사람을 만나며 짧은 시간에 큰 성장을 이룰 수 있기에 나로서는 최고의 선택이었다고 생각한다.

지금 운영하는 학원은 미술치료사로 거듭나는 데 좋은 베이스가 될 것이다. 그리고 내가 졸업하는 시점에는 아이들의 정서를 치료하는 박미향 원장의 미술 치료 전문 상담센터가 되어 있을 것이다.

여러분도 하고 싶은 일이 있다면, 새로운 일을 해 보고 싶다면, 쉽지는 않더라도 일단 시도해 볼 것을 권한다. 어떤 분야든 새로운 것의 장벽은 높다. 하지만 꾸준하게 공부하다 보면 그 장벽을 넘어설 기회가 생긴다. ✳

N잡러로
살아가기

N잡러의 명과 암

여러 가지 직업에 종사하는 N잡러는

주된 직업과 관련이 있거나 약간 벗어나거나

파생된 것에서 수입을 창출한다.

전혀 모르는 생소한 분야를 새롭게 시작하면

실패할 가능성이 커진다.

자신이 똑똑하다고 생각하면 할수록

데이터에 의존하여 새로운 일을 시작해야 한다.

하지만 아무리 좋은 데이터를 가졌더라도

전공 분야가 아니면 경험 부재로 실패할 가능성이 높다.

여러 분야의 일을 동시에 수행할 수 있는 노하우는

나의 경우 철저한 시간 계획을 세우고

담당자를 선정하여 관리하는 것이다.

N잡러는 여러 가지 직업에 종사하는 사람을 말한다. '두 개 이상의 자연수'를 의미하는 N과 '직업'을 뜻하는 영어 단어인 Job, '(어떤 일을 하는) 사람'을 뜻하는 접미사 '-er'로 이루어진 신조어이다.

N잡러는 영어로 표기되지만 한국인들 사이에서만 통용되는 일종의 콩글리시이다. 주 소득원 외에 여러 부업을 하고 있는 사람이라고 이해해도 무방하다. 요즘 N잡러가 이슈가 되고 있는 이유는 자기 소득에 만족하지 않고 더 많은 일을 하여 부수입을 창출하고 싶어하는 사람이 많아졌기 때문이다. 어쩌다 보니 하나의 일만 하는 것이 이상하게 여겨질 정도다.

나도 N잡러라고 할 수 있다. 10년간 학원을 운영해 왔고, 대학 동기와 자기주도 학습 프로그램을 개발하여 아이가 공부의 주체가 되게 하는 플래너를 만들어 가르치고 있다. 관공서나 학교, 지역 관할 센터에서 인문학 강사로 활동하면서 '이야기 끓이는 주전자'라는 마을기업 대표도 맡고 있다.

인문학 아카데미 '이야기 끓이는 주전자'는 북카페로 다양한 문화행사가 열리는 공간이다. 울산 남구와 중구에 각각 하나씩 카페를 만들어 거기서 다채로운 문화행사를 진행하고 있다. 특이한 이력으로는 CBS와 TBN 라디오 책 소개 프로그램에서 1년간 책 소개 방송을 하였다. 다음은 인문학 카페 '이야기 끓이는 주전자'의 다양한 활동을 소개한다.

- 책 쓰기 프로그램 – 나는 작가다
- 글쓰기 프로그램 – 글 쓰는 시간
- 미술 공부 모임 – 미술 커뮤니티
- 와인 마시며 글쓰기 – 와글와글
- 와인 강좌 – 울산 와인 아카데미
- 예술계 초청 인사와 시 읽는 프로그램 – 좋은 시 읽기 모임(시클)
- 학부모 커뮤니티 – 학부모 교육 모임
- 월 1회 음악회 – 라이브 콘서트
- 철학 모임 – 철학 스터디 클럽
- 개인 또는 문학 단체 – 출판기념회
- 관공서 프로젝트 수주 및 실행 – 어르신 자서전 쓰기, 다문화 동화 쓰기
- 기타 – 자서전 컨설팅, 사사(기업 연사) 컨설팅, 스토리텔링 등 문화 사업

최근에는 울산아동문학인협회와 업무협약(MOU)을 맺어 울산 아동문학 발전을 도모하고 있다. 첫 번째 사업으로 '동화 창작반'을 개설했고, '동시 창작반'과 '그림책 창작반', '어린이를 위한 글쓰기' 등을 시행할 예정이다.

또한 '경제 서적 읽기 모임', '자기 계발서 읽기 모임'을 비롯한 독서 모임 등, 새로운 콘텐츠를 계속 발굴하여 커뮤니티를 활성화하여 보다 많은 사람과 소통할 계획이다.

요즘은 학원에서 독서 지도도 한다. 독서 전문 프로그램으로 아이들에게 체계적이고 다양한 독서 지도를 하고 있다.

앞으로는 미술치료사로서 각 기관에서 다양한 계층을 만나 미술 치료 프로그램을 진행할 계획이다. 그리고 이 책이 출간되고 나면 강의도 할 생각이다.

학원장이자 마을기업 대표, 미술치료사, 각종 프로그램을 운영하는 운영자로서 각기 크고 작은 수입을 창출하고 있다.

N잡러의 특성은 주된 직업과 관련이 있거나 약간 벗어나거나 파생된 것에서 수입을 창출하는 것에서 찾아볼 수 있다. 예를 들면 학원에서 수업만 하는 것이 아니라 운영하면서 겪은 경험에서 새로운

프로그램을 만들어 학원에 적용하거나 학교 등 교육 기관과 연계하여 강의하는 식이다.

학원을 하다 보니 학부모 교육이 절실하다는 생각이 들었다. 그래서 유료 강의를 기획하여 부모 교육 프로그램을 만들어 또 다른 수익을 창출하고 있다.

부모 교육을 진행하니 학부모가 자신의 아이를 학원에 등록시킨다든지, 내가 관련된 또 다른 강의에 유입되기도 했다. 한마디로 시너지 효과가 발생한 것이며, 주된 업종에서 파생된 줄기가 시간이 지나며 새로운 수익 모델로 탄생한 것이다. 그리고 그러한 경험을 책으로 발간하는 것도 학원과 연계된 일이라 할 수 있다.

'이야기 끓이는 주전자'도 마찬가지이다. 카페 형태로 운영되지만, 여기서 만난 작가님과 책을 콘셉트로 마을기업을 만들어 행정안전부로부터 지원금을 받고 있다. 이는 금전적인 부분의 확충을 의미하기도 한다.

'이야기 끓이는 주전자'의 문화행사와 작가님의 책 쓰기, 글쓰기 컨설팅을 접목 및 협업하면서 더 큰 수익을 창출하고 있으며, 이곳에서 만나는 다양한 회원들과 인맥을 형성하여 유기적으로 시너지 효과를 내고 있다.

이렇게 나는 자신이 가지고 있는 몇 개의 줄기로 가지를 뻗어 N잡러로 살아가고 있다. 그런데 N잡러를 꿈꾸는 사람이라면 주의할 점이 있다. 앞에서도 잠시 언급하였지만, 주된 업종에서 가지를 뻗으라는 것이다.

전혀 모르는 생소한 분야를 새롭게 시작하면 실패할 가능성이 커진다. 주된 종목에서 파생된 것을 하면 주업종의 경험을 전용하면 되지만, 그것과는 전혀 상관없는 분야를 손댈 경우 경험이 없어 실패할 가능성이 높다.

나도 그와 같은 실패의 경험이 있다. 예전에 지인으로부터 백화점 휴대폰 케이스 부스를 해 보는 것이 어떠냐는 제안을 받았다. 학원과는 상관이 없는 업종이었지만, 아르바이트생만 한 명 세워 놓으면 된다는 말에 솔깃했다. 많이 고민하다가 백화점 내에서 목이 좋은 위치였고, 산술적인 계산을 하니 인건비 등 경비를 제하고라도 한 달에 2~3백만 원 정도의 수익을 창출할 수 있으며, 휴대폰 케이스는 누구나 가지고 있기에 사업성이 괜찮다고 생각하여 인수했다.

하지만 나와 전혀 상관없는 일이었고, 직원 관리도 힘들었다. 급기야는 백화점에서 쫓겨나 금전적으로 큰 손해를 보았다.

N잡러를 할 때는 이런 점을 주의해야 한다. 자신이 똑똑하다고 생각하면 할수록 데이터에 의존하여 새로운 일을 시작한다. 하지만 아무리 좋은 데이터를 가졌다고 하더라도 자신의 전공 분야가 아니면 경험 부재로 실패 가능성이 커진다. 특히 주식, 부동산, 투기 등은 피하는 것이 좋다.

충분히 공부하지 않았다면 섣불리 뛰어들지 말아야 한다. 주변에서도 실패하는 경우를 많이 봤다. 똑똑한 사람이 실패하는 경우는 데이터를 너무 믿기 때문이다.

N잡러는 여러 가지 일을 하며 수입을 올린다는 장점이 있지만, 자신과는 전혀 무관한 일에 무모하게 도전하여 돈을 날리는 단점도 있다. 메인 업종이 있다면, 그 업종에서 파생된 것에서 수입을 창출하는 것이 현명하다.

한 사람이 어떻게 많은 일을 동시에 할 수 있느냐는 의문이 들 수도 있을 것이다. 여러 가지 일을 동시에 수행하는 것은 특별한 능력이 있어야 하는 것이 아니냐고 물을 수도 있다.

　　나의 경우 철저한 시간 계획을 세우고 담당자를 선정하여 관리하기에 가능하다. 마치 대기업 회장이 직접 생산 현장에서 일하지 않아도 수익을 올리는 경우처럼 말이다. ✳

3

새로운 이름,
엄마

자는 아이를 바라본다. 이런 아이를 놓고 무슨 고민이 있겠냐 싶을 정도로 사랑스럽고 예쁘기만 하다. 그러나 눈을 뜨고 생활이 시작되는 순간부터, 사랑스러운 아이는 온데간데없고, 골칫거리에 근심덩어리 아이가 내 눈앞에 있다.

엄마라는
새로운 이름표

엄마의
날개

아가 미소가 하도 맑아

엄마 가슴에는 날개가 달립니다.

어떤 힘든 것이 어깨 눌러도

아가 미소가 달아 준

날개로, 사랑으로

엄마는 날 수 있습니다.

나에게는 새로운 이름표가 생겼다. 바로 '엄마'라는 이름표. 처음 임신했을 때, 엄마라는 단어가 너무나 어색하고 낯설었다. 당시는 불과 몇 년 전에 친정엄마가 돌아가셔서 엄마라는 단어만 들어도 눈물이 핑 돌던 때였다. 그래서 결혼과 동시에 임신한 나의 감정은 너무나 낯설면서도 경이로움 그 자체였다.

"내가 네 엄마야. 만나서 반갑다."

흑백 초음파 사진 속의 점 같은 태아를 보며 이렇게 이야기한 적이 있다. '엄마'라는 단어를 처음 썼을 때 정말 뭉클하고 이상야릇한 감정이 들었다.

'내가…… 진짜 엄마라고?'

아이가 눈앞에 보이지 않을 때는 오히려 '엄마'라는 말을 많이 쓰다가, 막상 태어나서 아기와 마주하니 그 말이 입에서 잘 나오지 않았다. 꼬물꼬물한 손과 너무도 작은 새 생명을 보며 마냥 신기하고 한편으로, 두려움도 강하게 밀려왔다.

내가 생각하는 엄마는 우리 엄마와 같은 완벽한 엄마였다. 다시 말해 자식을 위해서라면 모든 희생을 감내하고, 지극 정성으로 보살필 수 있는 그런 사람이었다.

임신 시기에 태교책을 읽으며 연습했지만, 태어난 아이에게 과연 좋은 엄마가 될 수 있을지에 대한 걱정이 설렘만큼이나 크게 다가왔다.

셋째 딸은 얼굴도 안 보고 데려간다는 옛말이 있다. 둘째인 나보다 먼저 결혼한 바로 밑의 여동생은 어려서부터 예쁘고 똑똑했다. 유학을 간 호주에서 영주권을 취득하게 된 동생은 가족을 보러 한 번씩 한국에 나올 때 말고는 거의 호주에서 지내 얼굴을 보기 힘들었다. 그러다가 한국에 잠깐 왔을 때 지금의 제부를 만나 사랑에 빠져 결혼과 동시에 아예 한국에 눌러앉았다.

아들을 낳고 나서 여동생은 이렇게 말했었다.

"언니도 빨리 결혼해서 아기를 낳아 봐."

"언니, 나는 세상에 태어나서 가장 잘한 일이 우리 태린이를 낳은 거야."

당시 미혼이었던 나는 이 말을 이해할 수 없었다. 결혼한 여자가 아기를 낳은 것이 어떻게 세상에서 가장 잘한 일이 될 수 있단 말인가. 잘한 일이라고 하면 뭔가 특별한, 남들이 못 하는 대단한 일을 한 것이어야 하지 않나?

물론 생명의 탄생은 위대하다. 그러나 그것은 교과서에나 나오는

말이지, '아기를 낳은 일이 세상에서 제일 잘한 일'이라는 말을 동생의 입에서 듣게 될 줄은 몰랐다.

하지만 몇 년 후, 내가 실제로 겪어 보니 그 말이 이해가 갔다. 지금 누군가 나에게 세상에 태어나 가장 잘한 일이 무엇이냐고 묻는다면, 두 번 고민하지 않고 우리 시헌이를 낳은 일이라고 자신 있게 대답할 것이다.

이것은 경험해 보지 않고서는 절대로 모르는 일이다. 눈에 넣어도 안 아프단 말을 실감하는 순간이 한두 번이 아니다.

결혼을 한다면 제발 육아 걱정하지 말고 아이를 낳기를 바란다. 한평생 살다 가는 인생이다. 나는 결혼이 늦은 편이라 한 명으로 족하지만, 더 일찍 결혼했더라면 아마도 세 명 정도는 낳았을 것이다. 이런 소중한 감정을 느껴 보지 못하고 죽는다는 것은 정말이지 너무나 안타까운 일이 아닐 수 없다.

좋은 친구와 여행을 가 본 적이 있는가? 더운 여름날 시원한 맥주를 마셔 본 적이 있는가? 맛있는 음식을 먹으며 행복해한 적이 있는가? 원하던 대학에 합격했을 때 감격스러워 눈물을 흘려 본 적 있는가? 이 모든 것은 경험해 보지 않으면 절대로 알 수 없는 감정들이다.

결혼과 아이도 마찬가지이다. 사랑스러운 아이와 함께하는 시간은 세상 그 어느 것과도 바꿀 수 없다. 이 세상 모든 부모가 같은 감정일 것이다.

엄마라는 이름에 지나치게 무게를 둘 필요는 없다. 내 방식대로 지금 내가 할 수 있는 것에 최선을 다하면 된다. 사랑하는 마음은 항상 전달되기 때문이다. ✦

귀한 자식
막 키우기

신이 주신 최고의 선물

아이는 태어날 때

엄마 마음에 씨 하나 뿌려 놓고,

따뜻한 햇볕을 주고 달콤한 산소도 줍니다.

아이는 맛있는 사랑을 먹고 쑥쑥 커 갑니다.

아이를 키우는 건

음식이 아니라, 좋은 물건이 아니라,

함께 나눈 대화, 함께 떠난 여행,

함께 만든 무수한 추억입니다.

아이야말로 신이 주신 최고의 선물입니다.

나와 남편은 결혼이 늦은 편이다. 내가 서른여섯, 남편이 마흔에 했으니 말이다. 그전에는 결혼은 해도 아이는 낳지 않겠다고 생각했다.

인생을 즐기고 싶었고 임신 과정과 출산, 또 한 생명을 평생 책임져야 한다는 막연한 두려움 같은 것이 있었다. 과연 내가 그런 힘든 일을 해낼 수 있을까? 내 앞가림도 잘 못하는데 아이까지 책임지며, 이 힘든 세상을 아등바등 허덕이며 살고 싶지 않았다. 그냥 쿨하고 멋지게 살고 싶었다.

그런 내가 믿을 만한 남자를 만났고, 그와 평생을 함께할 결혼 생활을 꿈꾸면서 생각이 바뀌게 되었다. 이 남자와의 사이에 소중한 존재를 만들고 싶었고, 아이가 있으면 훨씬 더 행복할 것이라는 확신이 들었다. 아마도 사랑하는 사람을 만나면, 여자는 누구나 그런 생각을 하게 되는 것 같다.

그런데 요즘은 돈 때문에 자식을 낳지 않겠다고 하는 사람이 많다. 자식을 낳고 싶어도 돈이 너무 많이 든다는 이유로 자식 낳기를 포기하거나 한 명만 낳아 기르는 사람도 많다. 그렇게 생각하는 사람들은 결혼도 포기하고, 자식 낳는 일도 포기한다. 나도 낳아서 키워 보니 돈이 많이 들긴 한다.

하지만 난 처음부터 돈을 많이 들여 아이를 기를 생각은 하지 않았다. 주변을 보면 임신 때부터 좋은 병원에서 진행하는 젠틀 버스(Gentle Birth), 요가 프로그램에 백만 원 넘게 들여 배 마사지를 받는 임산부도 많다.

예전에는 부잣집에서나 갔던 산후조리원도 요즘에는 안 가는 사람이 거의 없다. 그곳에서 만나 커뮤니티를 형성하고 아기들끼리 서로 친구를 만들어 준다. 그래서 고급 산후조리원을 선호하는 경향이 많다고들 한다.

나는 아무리 일평생 한 번이라 해도 쓸데없는 곳에 돈을 쓰고 싶지 않았다. 요즘에는 결혼하는 데도 큰돈이 들어 결혼할 엄두를 못 내는 사람도 많다.

우리는 양가에서 돈을 받은 것이 없다. 결혼할 때 대출을 받긴 했지만 모든 경비를 우리 둘이서 해결했다. 대출금은 일해서 함께 갚아 나가야 할 몫이라고 생각했다. 결혼할 때 부모님으로부터 신혼집을 선물받거나 억 단위로 돈을 받는 친구들도 있지만, 나는 부모님에게 손을 벌리지 않고 결혼한 나 자신이 대견하다. 이것이 진정한 경제적 독립이다.

경제적 독립이야말로 진정 성숙한 성인의 길로 들어서는 시작점이라 생각한다. 대부분의 사람이 몸만 어른이지, 결혼하고 나서도 부모님 신세를 지며 살아가는 경우가 많다. 좀 부족하더라도 부모님 도움 없이도 충분히 결혼해서 생활할 수 있다.

심지어 학원비를 할아버지나 할머니가 대신 결재해 주는 경우도 많다고 한다. 내리사랑이라고 할아버지, 할머니에게 손주가 얼마나 예쁘겠는가. 하지만 소중한 존재라는 이유로 학원비까지 내주는 것은 아니라고 생각한다. 이런 것까지 부모의 도움을 받는 사람은 경제적으로 독립했다고 볼 수가 없다.

자녀 한 명 교육하는 데만 1억 원 정도 들어간다는 말은 뉴스나 신문에서만 떠드는 소리가 아니다. 웬만한 초등학생도 사교육비만 한 달에 60~100만 원, 중학생이면 최소 80~150만 원 정도이다.

아이들이 학원만 다니는가. 옷도 사 입고 계절별로 여행도 다니고 외식도 시켜 줘야 한다. 그러려면 한 가정의 생활비는 500만 원을 넘어선다. 그러다 보니 많은 예비부부들이 자녀를 가질 생각을 아예 포기하게 된다.

나 또한 그랬다. 한 번뿐인 인생인데 자식 때문에 많은 것을 포기하면서 살고 싶지 않다는 게 요즘 많은 예비부부들의 생각이다. 쿨하게 둘만 사랑하며 잘살고 싶은 것이다. 결국 자식에게 돈이 많이 들어가면 내가 쓸 돈이 없어지니, 처음부터 시작도 안 하겠다는 말이다. 욕할 일이 아니라 정말로 현실적으로 돈이 없으면 불가능하고, 많은 희생이 필요한 부분이다.

하지만 그건 자식을 최상급으로 키울 때의 이야기이다. 어느 누가 최상급으로 키우고 싶지 않을까마는, 최상급이라고 반드시 좋은 것은 아니다.

자식은 무어라 표현할 수 없을 정도로 그 존재가 소중하고 사랑스럽다. 그렇다고 해서 사랑하는 만큼 소중한 만큼 돈과 비례할 필요는 없다. 참 이상한 이야기 같지만 그 소중한 자녀를 위해 부모는 돈을 벌고, 역설적으로 자녀를 외롭고 힘든 사교육 시장으로 몰아넣어 자신의 책임을 다했다고 생각한다.

이렇듯 가정에서 충분히 지지를 받기는 하지만 부모와 시간을 충분히 보내지 못한 아이는 공부에 집중하지 못할뿐더러 정서적으로도 불안을 느끼게 된다. 부모 입장에서는 힘들게 번 돈으로 비싼 학원비에 비싼 교재비를 들였으니, 공부를 못하면 아이를 다그치기 시작한다. 그렇게 되면 아이는 공부에 스트레스를 받게 되고, 성적이 좋을 리 없다. 악순환이 계속되는 것이다.

대한민국 사교육의 문제가 어제오늘의 일은 아니지만, 이제부터라도 부모의 생각이 좀 달라졌으면 한다. 돈 많이 들인다고, 좋은 학원 보낸다고 자녀가 잘 자라는 것은 아니다.

나는 산후조리원도 가지 않았을뿐더러 유모차, 아기 옷도 거의 산 적이 없다. 비싼 이유식이나 간식 같은 것도 사 먹인 적이 없다. 교육에 관심이 많은 고모가 어린이 전집을 몇 세트 사 준 것 외에 모든 생활용품은 얻어서 썼다. 그러다 보니 생각처럼 그렇게 많은 돈이 들지 않았다. 하지만 아이는 몸도 튼튼하고 정서적으로도 건강하다.

자녀에게 필요 이상의 교육비를 투자한다고 해서 아이가 명품이 되는 게 아님을 사교육 현장에서 너무나 많이 봐 왔다. 사람마다 자기의 소신대로 육아에 임하지만, 소중할수록 자녀를 돈으로 포장해서는 안 된다. 대개 자신이 채우지 못한 욕망을, 자녀를 통해 채우려는 부모들이 많다. 그래서 자신이 받지 못한 좋은 환경을 아이에게 만들어 주고자 한다.

자녀는 나의 만족을 채우기 위한 존재가 아니라, 진정한 성인이자 성숙한 인격체로 자라는 데 도움을 줘야 하는 존재이다. 아무리 어리더라도 독립된 인격체로 존중하면서 지지해 주는 마음으로 살아야지, 내가 만들어 간다는 생각은 버려야 한다.

나 자신도 마음대로 안 될진대, 하물며 자녀가 나의 계획대로 살아 주기를 바라는 생각 자체가 말이 안 된다. 자녀가 세상 속에서 혼자 힘으로 살아갈 수 있도록 지켜보고 도와주는 것 외에, 부모가 할 수 있는 일은 별로 없다.

그럼에도 많은 것을 못 해줘서 죄인처럼 죄책감에 시달리며 살아가는 부모가 많다. 특히 워킹맘이 그렇고, 정보력이 약한 엄마들은 다른 사람의 말에 휘둘리기도 쉽다. 내가 잘못해줘서 그런 것이 아닐까, 좀 더 좋은 것을 더 많이 못 해주었기 때문이 아닐까 하며 불안해한다.

잘못된 생각이다. 모든 인간관계가 그렇듯, 제삼자는 곁에서 최선을 다할 뿐 나머지는 오롯이 그 자신의 몫이다. 비싼 옷이 내 아이를 예쁘게 만들어 주지 못하고, 비싼 사교육이 내 아이를 천재로 만들어 주지 못한다. 차라리 그 돈으로 가족과 함께 여행을 떠나고 함께 대화를 나누고 다양한 추억을 쌓는 것이 진정한 행복이며, 자녀를 위하는 길이다.

그러니 일하는 여성들이여! 죄책감을 버리고 사교육에 지쳐 있는 나의 아이와 즐거운 시간을 보내길 추천한다.

그리고 자녀 양육과 교육비 때문에 결혼을 망설이는 미혼 여성들이여! 아이는 돈이 아니라 마음으로 키우는 것이니 걱정하지 않아도 된다. 자녀는 신이 주신 최고의 선물이니, 축복 속에서 행복한 시간을 갖는 것이 당연한 진리가 아닐까. ✦

자녀 교육의
고민

**자녀 교육에
대한 소신**

부모가 소신을 분명히 가지고 교육에 임해야 한다.

욕심이 없다면서 이것저것 시키는 것에 열광인 부모는

내 자녀를 아직 잘 모르기 때문이다.

무언가를 주기 전에 부모는 반드시 고민해야 한다.

내 아이를 어떻게 키울 것인가,

나는 어떤 부모가 되고 싶은가를.

그리고 벤치마킹이 필요하다.

자녀 교육에 성공한 사례의 학부모 강연회,

관련 책과 자료 등, 조금만 눈을 돌려 보면

생각보다 도움을 받을 수 있는 곳은 많다.

자는 아이를 바라본다. 이런 아이를 놓고 무슨 고민이 있겠냐 싶을 정도로 사랑스럽고 예쁘기만 하다. 그렇지만 눈을 뜨고 생활이 시작되는 순간부터 사랑스러운 아이는 온데간데없고, 골칫거리에 근심덩어리 아이가 내 눈앞에 있다.

"김시헌! 김시헌! 뭐 하니, 아이고, 속 터져! 엄마가 아침에 바쁘다고 했지!"

학교 지각을 코앞에 두고 잠옷 바람으로 아침에 집안을 돌아다니고 있다.

"너는 커서 뭐가 되려고 이러니?"

"이러니까 엄마가 뭐라고 하는 거야. 똑바로 못해!"

아이의 쓸데없는 수많은 질문과 연속되는 실수들, 때론 생활 속에서 순간적으로 뛰어나오는 엉뚱함과 뜻밖의 난폭한 행동들이 오늘도 나를 화나게 한다.

남을 전혀 배려하지 않고, 너무 쉬운 것도 포기해 버리며 하기 싫다고 한다. 오직 자신밖에 모르는 이 아이를 마주할 때면 어디서부터 어떻게 가르쳐야 할지, 가르친다고 알기나 할지, 계속되는 훈육에 아이가 감정이 상하지는 않을지, 요즘 아이는 자존감이 중요하다던데, 이렇게 나무라기만 해도 되는 건지. 엄마들은 매 순간 생각하고 또 고민한다.

이러한 고민에 정답이 있는 걸까? 책을 읽어 봐도 주변 엄마들에게 물어봐도 자녀 교육은 정답이 없는 듯하다. 모든 가정의 환경이 다르고 아이의 기질이 다르므로, 특정 상황에 내 아이를 적용해 봐야 먹힐 확률이 매우 적기 때문이다.

그래서 확률을 논하기보다 내 아이를 잘 관찰하고 부모가 어떻게 대응할지를 고민하고 생각해 봐야 한다. 내 아이를 어떻게 키울지에 대한 부모의 철학이 필요한 시점이라고 할 수 있다.

나는 학원 원장으로서 학부모와 상담을 할 때가 많다. 대부분의 학부모는 자녀에게 큰 욕심이 없다고, 그저 건강하기만 했으면 좋겠다고 이야기를 꺼낸다. 하지만 자신의 욕심을 나열하기 시작하는 데는 채 1분도 걸리지 않는다.

"공부를 너무 안 해서 걱정이에요. 그래도 공부는 좀 해야 하지 않을까요? 실은 좀 잘했으면 좋겠어요. 영어, 수학 학원은 기본이고, 논술도 하고 있어요. 운동이랑 악기 하나 정도는 해야 하지 않을까요? 요즘 컴퓨터 코딩은 필수라고 하더라고요. 과학이나 역사도 중요하다던데 학원 알아보는 중이에요."

이렇게 말을 늘어놓고 마지막 멘트를 날린다.

"저는 정말 욕심 없거든요. 그냥 남들 하는 만큼만 하면 돼요. 저는 정말 조금 시키거든요."

학부모들을 10년 이상 만나 본 결과, 내 아이를 완벽하게 잘 키우고 싶다고 말하는 학부모는 없다. 욕심이 없다고 하지만, 완벽 이상의 아이로 키우고 있다. 그럴 땐 그 자녀가 얼마나 힘들까 하는 생각이 먼저 든다. 학부모가 자신의 욕심을 당연하다고 생각하는 것이 문제다. 다들 하니 당연한 것이 되어 버린 것이다.

앞서 언급한 이야기는 그나마 초등학생의 경우이고, 요즘은 영아 때부터 사교육을 시작한다. 태교도 영어로 하는 부모까지 있을 정도이다. 단언컨대 자녀 교육은 끝이 없다. 아이를 대상으로 하는 수많은 교육 프로그램이 있으며, 사교육 시장은 부모들에게 심리적 불안을 조성하여 고가의 상품을 내밀고 있는 것이 현실이다.

교육 시장은 내가 아닌 자녀를 대상으로 소비가 일어나기에 부모가 지갑을 열기 가장 쉬운 시장이다. 나를 위해서는 엄격한 잣대로 소비를 하지만, 자녀를 위한 일이라면 물불 안 가린다. 그것이 자식을 사랑하는 방법이자 전부라고 생각한다. 어리면 어릴수록 그 유혹에

쉽게 빠진다. 들어보면 정말 좋을 것 같고, 체험해 보면 내 자녀에게 딱 맞는 것 같으니 안 할 수가 없다.

여기에 정말 핵심이 있다. 여기저기 좋은 말 듣고 상담받다 보면 정신을 못 차리고 이것저것 시키게 되어 있다. 가장 손쉽게 넘어가는 것이 좋은 브랜드의 동화책이나 시리즈 전집을 사는 거다. 설명을 들으면 안 사고는 못 배기는 것이 명품 브랜드 전집이다. 책이 좋은 것은 누구나 아는 이야기이고 사실이다.

요즘에는 책과 연동되는 펜을 통한 음성 서비스, QR 코드의 동영상 서비스, 방문 선생님이 직접 와서 수업해 주는 서비스까지 정말 다양하다. 내 아이가 이것만 한다면 똑똑한 기초를 다지기에 완벽하다고 느껴진다. 비싸기는 해도 내 아이를 위해서라면 몇백만 원 정도는 거뜬히 쓰기로 마음먹는다. 그렇게 산 책들이 책장에 꽂히는 순간부터 아이와의 싸움은 시작된다. 큰맘 먹고 책을 샀건만 아이는 읽지 않고, 심지어는 관심을 가지지도 않기 때문이다.

부모는 아이의 마음을 이해해 주거나 책 읽기를 기다려 주기는 커녕 화를 내기 시작한다. 처음에는 책을 읽으라고 좋은 말로 하지만, 나중에는 목소리가 커지면서 잔소리로 변한다.

"이게 얼마짜린 줄 아니? 너 좋으라고 책 사 줬더니 읽지도 않고! 그러니 모든 행동이 그 모양이지!"

책 안 읽는 것과 상관없이 어제 잘못한 일까지 더해서 나무라기 시작한다.

"내가 언제 사달라고 했어? 엄마 맘대로 사 놓고, 이씨!"

대부분의 아이들이 보이는 반응이다. 책을 좋아하는 아이는 극히 드물다. 그래서 전집을 살 때는 아이와 의논하는 것이 좋고, 사고 나서도 엄마의 노력이 상당 부분 필요하다. 부모가 먼저 책 읽는 모습을 보여야 한다.

아이가 어리면 책을 읽어 주는 것이 좋고, 좀 크더라도 아이가 괜찮다고 할 때까지 읽어 주는 것이 자녀 정서상 바람직한 독서 교육이다. 이렇게 노력하면 책 읽기 실력은 금방 향상된다.

하지만 대부분의 부모는 책 구매에만 집중할 뿐, 사고 나면 부모 도리는 다했으니 이젠 자녀 몫이라고 생각한다. 아이가 원하지 않았던 독서에 흥미를 보일 가능성은 작다는 사실을 간과한 것이다. 이렇듯 돈만 쓰고 효과는 보지 못하는 경우가 허다하다.

부모는 분명한 소신을 가지고 자녀 교육에 임해야 한다. 욕심이 없다는 부모가 이것저것 시키는 이유는 자녀를 아직 잘 모르기 때문이다. 자녀에게 무언가를 해 주기 전에 반드시 고민해 봐야 한다.

'내 아이를 어떻게 키울 것인가. 나는 장차 어떤 부모가 되고 싶은가.'

이 둘을 구분하지 못해 자녀들에게 끌려다니거나, 자녀 교육에 불성실했다며 자괴감에 시달리는 부모들이 많다. 이 문제는 정말이지 신중하게 생각해야 한다.

자녀 교육에 대한 기준을 세우고, 어떻게 해야 우리 아이에게 맞는 교육인지 생각해 보고 실행해야 한다. 모든 아이에게 맞는 교육 방법은 없다. 아이들이 모두 다르듯이 내 아이에게 적합한 교육이 따로 있는 것이다.

이때 벤치마킹이 필요하다. 자녀 교육의 성공 사례들을 소개하는 학부모 강연회, 관련 단행본 등 조금만 눈을 돌려 보면 생각보다 도움을 받을 수 있는 곳은 많다.

꾸준한 벤치마킹으로 적합한 교육 방식을 찾고, 전문가와의 상담을 통해 자녀에게 맞는 교육 방법을 찾아내어 아이와 함께 정립해야 한다. 그것이 자녀 교육의 출발점이 되어야 한다. 그래야 다른 사람들의 '좋더라', '카더라' 식의 정보에 휘둘리지 않는다. 아이 교육에 관한 책을 몇 권이나 읽어 보았는지, 교육 관련 강연회에는 몇 번이나 참석했는지 스스로 점검해 봐야 할 것이다.

첫째로 생각해 볼 것은 자녀와의 관계이다. 공부 잘하는 아이로 키우고 싶은 부모와 그 자녀는 좋은 관계를 유지하기가 쉽지 않다. 공부를 잘하려면 상당한 시간을 학업에 매달려야 하므로 아이들은 신경질적으로 변하는 경우가 많다. 이때 아이의 반응을 맞받아치면 관계가 극도로 나빠진다.

둘째로 자녀와의 원만한 관계가 더 중요하다고 생각하면 공부는 자녀의 자율에 맡기는 편이 낫다. 부모가 공부에 신경 쓰는 순간, 아이에게 잔소리를 안 할 수가 없기 때문이다.

나는 둘째 경우로 살기로 마음먹고, 어떤 형태의 사교육도 시키지 않고 있다. 자기 전에 아이가 원할 때까지 한 시간이고 두 시간이고 책을 읽어 줄 뿐, 다른 교육은 전혀 시키지 않는다. 이런 나를 보고 어머님은 걱정하신다.

"아들 공부를 너무 안 시키는 것 아니냐, 엄마가 선생님인데 아이에게 신경을 좀 써야지. 뭐라도 좀 시키는 것이 좋지 않겠냐."

어머님께는 눈치가 보이긴 했지만, 나는 소신대로 아이를 키우기로 했다. 아들은 공부에 별 관심을 보이지 않았고 모든 것을 놀이 위주로 하며 몸을 움직이는 것을 좋아했다. 최근 발견한 것이지만 노래하고 춤추는 것도 좋아한다. 그래서 키즈 댄스 학원을 보낼까 알아보는 중이다.

나는 아이에게 책을 읽으라고 채근하거나 영어, 수학 등의 공부를 시키지 않는다. 스스로 하다가도 "엄마, 그만하면 안 돼? 놀다가 하면 안 돼?"라고 이야기하면 언제든지 고민하지 않고 웃으며 그만하라고 한다. 항상 지켜볼 뿐, 공부에 관해서 스트레스를 주지 않는다.

그래서인지 아이가 새벽 무렵, 책상에 앉아 스스로 책을 읽거나 문제집을 풀고 있을 때도 있다. 아마도 우리 아들은 공부를 '엄마에게 칭찬받기 위한 놀이'쯤으로 인식하는 것 같다는 생각도 든다. 하기 싫을 땐 언제든지 안 해도 되니까 말이다. ✦

부모로서의
감정 다스리기

감정에도 훈련이 필요하다

부모라면 자신만의 쉼표를 가져야 한다.

그것이 감정 조절의 시작이다.

화가 난 감정을 알아차리고 해소하는 연습을 해야 한다.

그래야 감정이 필터링된다.

자신의 경험만으로 자녀를 대하는 것은 위험하다.

내 아이를 객관적으로 바라볼 수 있는 훈련이 필요하다.

감정을 바라보는 감정,

감정의 체계를 생각하며 알아차리는 것이 중요하다.

자기만의 방법으로

감정에 대응할 수 있는 훈련을 해야 한다.

화가 나는 것과 화를 내는 것은 다르다. 화가 날 때마다 화를 내지 않기 위해서는 쉼표가 필요하다. 자식을 키우다 보면 화가 날 때가 많다. 사람마다 화가 나는 포인트가 있을 것이다. 자식이 잘못했을 때마다 화를 내는 자신을 보면서 실망하기도 한다. 화를 내지 않고 참으면 그것이 쌓여 폭발하기도 한다.

다른 일에는 감정 조절이 잘 되는 사람이라 할지라도 자식 일에는 감정 조절이 잘되지 않는다. 그것은 많이 배우고 덜 배우고의 문제가 아니다. 아무리 교육자라도 자식에게만큼은 여러 가지 감정이 복합적으로 얽혀 감정 조절이 어렵다. 이런 부분에 대해 많은 부모가 고민한다.

화가 날 때마다 감정 조절에 실패하면 아이와의 관계가 좋지 않게 되고, 그런 사실에 대해 부모는 자책하기도 한다. 그렇기에 감정을 다스릴 수 있는 자신만의 방식이 있어야 한다.

내가 못나서 감정 조절이 안 된다고 생각하거나, 화를 낼 수밖에 없었던 이유를 다른 사람 탓이나 직장 탓으로 돌리기도 한다. 여러 가지 이유를 대면서 점점 깊은 수렁에 빠지고 자녀와의 관계는 멀어진다.

자녀 문제로 화가 나는 것은 당연하다. 감정은 인간의 본능과 연결되어 있기 때문이다. 하지만 인간은 이성적인 존재이기도 해서, 완전히는 아니더라도 어느 정도는 훈련으로 극복할 수 있다. 즉 화가 나는 것과 화를 내는 것을 구분하는 것이다.

그것은 자신이 화가 난 것을 알아차리는 것에서 시작한다. 화가 났을 때 '아, 지금 내가 화가 났구나.' 하고 알아차리면, 화를 낼지 참을지를 선택할 수 있다. 알아차리는 시점에 감정을 다른 생각으로 대체하거나 다른 행동을 하면, 뇌는 화가 난 감정을 이성 영역으로 끌고 간다.

화가 날 때마다 화를 내어서는 안 된다. 인간이기 때문에 화가 나는 것은 당연하지만, 인간이기 때문에 화를 내지 않을 수도 있는 것이다.

'초(超)감정' 또는 '메타 감정(Meta-emotion)'이라는 것이 있다. '감정에 대한 감정'이란 뜻이다. 화가 났을 때 그 화난 감정에 대해 왜 화가 나는지 객관적으로 바라보는 나의 감정을 '초감정'이라 한다.

백화점에서 엄마에게 장난감을 사달라고 떼쓰는 아이가 있다. 울면서 드러눕기도 한다. 그 옆에서 엄마는 쩔쩔맨다. 다른 사람의 눈초리가 따갑게 느껴진다. 엄마는 화가 난다. 이 시점은 화가 나는

시점이지 화를 내는 시점은 아니다.

어떤 엄마는 그 자리에서 아이에게 화를 낸다. 아이는 울고 상황은 점점 심각해진다. 감정 조절에 실패한 경우다. 어떤 엄마는 아이를 안고 급히 주차장으로 간다. 주차장으로 가는 동안 화는 좀 가라앉는다. 엄마는 아직 화가 나 있지만, 화를 내지는 않는다. 주차장까지 가는 동안 자신이 화가 난 상황을 인지하고 객관적으로 자신의 감정을 바라봤기 때문이다. 이것이 '초감정'이다.

아이를 달래고 아이에게 장난감을 왜 사줄 수 없는 이유에 관해 설명하고 따뜻하게 안아준다. 이 엄마는 감정 조절에 성공했다.

같은 상황이라도 화를 낼 수도 안 낼 수도 있다. 어느 것이 아이에게 더 좋을까? 화가 나는 것은 '감정'의 문제지만, 화를 내는 것은 '이성'의 문제이다. 화가 나는 것은 '본능'의 영역이지만, 화를 내는 것은 '선택'의 영역이다.

그렇기에 아이의 행동을 바라봤을 때, 왜 이런 감정이 올라오는지를 객관적으로 보는 것이 곧 '초감정'이라 말할 수 있다. 아이의 행동에 대한 것은 아이의 행동에 대한 감정에 그쳐야 한다. 아이의 행동에 자신의 경험을 덧붙이지 말아야 하는 것이다. 자신의 경험과 아이의 행동을 동일시해서는 안 된다. 그것을 알아차리는 것이 초감정이다.

　　나도 아이를 키우면서 많은 시행착오를 겪었다. 한 가지 사례를 들면, 우리 아이는 유치원에 갈 때 장난감을 가지고 노는 경우가 많다. 아이는 시간 개념이 없다. 8시 50분에 오는 유치원 차에 아이를 태워 보내야만 나도 출근할 수 있다. 이런 긴박한 상황에서 아이는 아무것도 모른 채 옷도 입지 않고, 밥도 먹지 않고, 좋아하는 장난감만 가지고 논다.

　　"유치원 가야지. 옷 입고 준비해라."

　　말하고 돌아서면 아이는 여전히 느긋하게 동화책을 읽거나 장난감을 가지고 논다.

　　"유치원 늦는다. 아까 이야기했지."

　　한 번 더 말한다. 워킹맘인 나도 출근 준비해야 하니 마음이 급해진다. 세 번을 이야기해도 안 하고 있으면 화가 치밀어 올라온다. 그때 등짝 스매싱을 날린다든지, 거칠게 옷을 입히며 화를 낸다. 아이는 영문도 모르고 질문한다.

　　"엄마, 왜 거칠게 옷을 입혀?"

　　그럴 때면 나는 미안해진다. 감정 조절을 못 했다는 자괴감이

들기도 한다.

　나도 느린 아이여서 엄마에게 혼이 많이 났다. 나의 엄마는 완벽주의에 가까웠다. 엄마의 화내는 모습이 나도 무서웠다. 지시적인 엄마가 무척 싫었다. 내 아들을 바라봤을 때 예전 나와 같은 행동을 했을 때, 나의 엄마가 했던 행동을 무의식적으로 따라 하는 것 같아 더 화가 났다.

　아이는 엄마가 왜 화를 내는지 종합적으로 생각할 사고 체계가 형성되지 않을 나이다. 미숙한 나의 어린 시절이 떠올랐다면, 내가 어릴 때 느낀 엄마에 대한 공포감이 싫었다면, 그것을 거울삼아 기다려 주고 따뜻한 말을 해줄 수 있어야 하는데, 그렇게 못하니 나에 대해 더 화가 난 것이다.

　'초감정'이라는 의미를 깨닫고 아이를 대하는 감정 조절 연습을 했다. 내가 화가 난 것을 알아차리고 화가 났음을 알아차리는 그때를 아이에게 좀 더 따뜻하게 대해 줄 수 있는 기회로 여기게 되었다. 화가 나는 것을 알아차리고 쉼표를 가진다면 화를 내는 상황으로 발전하지 않게 되어, 내가 부모로부터 받았던 섭섭함이나 감정을 자식에게 세습하는 것이 아닌 승화하는 기회가 되는 것이다.

　화가 나는 것을 알아차리는 순간, 나는 눈을 감고 깊은 심호흡을 했다. 화가 날 때 1, 2초 정도 그렇게 하면 약간 진정된다. 그것은 앞에서 말한 '화가 나는 시점'과 '화를 내는 시점'을 구분해 주는 쉼표이다. 왜 화가 날까를 알아차리고 그 감정을 누르기 위한 심호흡을 세 번만 해도 약간 진정이 된다. 내가 심호흡하면서 쉼표를 가지는 것처럼, 자녀를 키우는 부모라면 자신만의 쉼표를 가져야 한다. 그것이 감정 조절의 시작이다. 화가 난 감정을 알아차리고 해소하는 연습을 해야 한다. 그래야 감정이 필터링된다.

자신의 경험만으로 자녀를 대하는 것은 위험하다. 내 아이를 객관적으로 바라볼 수 있는 훈련이 필요하다. 감정을 바라보는 감정, 감정의 체계를 생각하며 알아차리는 것이 중요하다. 그리고 자기만의 방법으로 감정에 대응할 수 있는 훈련을 해야 한다.

화가 나는 것과 화를 내는 것을 동일시하기에 많은 부모가 자녀에게 화를 내고 나서 후회한다. 자녀와의 관계는 중요하다. 사랑하는 대상, 소중한 대상이지만 많은 부모가 자녀와의 관계를 힘들어한다. 자녀를 위한답시고 자녀의 실수를 사랑이란 이름으로 가르친다고 하지만, 오히려 상처를 주는 경우가 많다. 아이는 부모를 화나게 만드는 존재이다. 그건 당연하다. 하지만 화를 내느냐 내지 않느냐는 부모가 선택할 몫이다. ✦

워킹맘으로 버티며
자녀 교육하기

자녀를 새를 사랑하는 방법은
진정
사랑한다면 새장 속에 가두는 것이 아니라

하늘을 날게 만드는 것이다.

자식을 위하는 것은

부모가 대신 하늘을 나는 것이 아니라,

하늘을 날 수 있게

날개에 근육을 만들어 주는 것이다.

결혼한 직장 여성이 가장 크게 부닥치는 현실적인 문제가 출산과 육아이다.

결혼했는데 아직 아이가 없는 친구가 있다. 그 친구는 울산 출신으로 서울에서 맞벌이를 하는데, 남편과 둘이 벌어 집을 살 때 받은 대출 이자를 내고, 살림하고, 약간의 저축을 하면 생활이 빠듯하다고 한다.

그리고 아이를 낳게 되면 출산 휴가는 받지만, 휴가가 끝난 이후부터가 문제이다. 아이를 돌봐 줄 부모님은 멀리 울산에 계신다. 육아 도우미를 고용하는 데 자신의 월급을 다 쓸 바에는, 아예 직장을 그만두고 아이를 낳아 키우는 것이 더 좋겠다고 생각하며 고민한다.

또 한 친구는 워킹맘이다. 세 살 된 아이가 출근할 때마다 바지를 잡고 울고불고한다. 친구가 번 돈은 도우미 비용으로 다 나간다. 아이가 올 때마다 고민한다. 직장을 그만두고 아이와 함께 있는 것이 더 낫지 않을까?

난 그 두 친구에게 버티라고 말한다. 우리나라에 육아하느라 경력 단절이 된 여성을 뽑아 줄 회사는 그리 많지 않다. 정치권에서는 너도나도 '경단녀' 문제를 해결해 줄 것처럼 외친다. 하지만 현실에서 경력 단절 문제의 해결은 아직 요원하다.

아이는 점점 커 간다. 초등학교 고학년만 되더라도 엄마보다 친구를 더 좋아한다. '아이가 이제 나의 손길이 덜 필요하구나.' 하고 느껴 집 밖으로 눈을 돌려 직장을 구하려면 그때는 하늘의 별 따기다. 직장의 문턱은 넘을 수 없을 정도로 높아져 있다. 자신의 전공 또는 기존에 자신이 하던 일과는 동떨어진 일을 할 수밖에 없다. 아니면 자신의 의지와 상관없이 전업주부로 살아가야 한다.

아이에게 엄마가 필요한 기간은 인생 전체로 봤을 때 그리 길지 않다. 하지만 그 시간보다 몇 배나 더 긴 기간을 자신이 원하던 꿈과 직업과는 동떨어진 채 살아가야 한다. 그럴 때 후회하게 된다.

우리 사회는 엄마의 희생이 숭고하다고 말한다. 간접적으로 여자의 희생을 강요하는 말이라고 생각한다. 여자는 '엄마'라는 이름으로 희생되어서는 안 되는 존재이다. 엄마의 역할은 아이의 인생을 책임지는 존재가 아니라 아이가 잘 크도록 도와주는 존재이다. 아이의 성장은 꼭 부모가 아니라도 할 수 있다. 그런 사회 시스템을 현명하게 이용해야 한다.

마음 아프고 힘들지만 절대 일을 포기하면 안 된다. 돈을 벌어 자신이 해야 하는 양육과 집안일에 돈을 지급하는 것이 자녀를 위해서나 본인을 위해서나 더 좋을 수 있다. 돈을 벌어 자녀를 양질의 교육 기관에서 교육하고, 집안일은 도우미에게 맡겨 깨끗한 가정환경을 만드는 편이 더 낫다. 당장 지금 아이를 돌보지 못하고 일을 하더라도 아이에게 죄책감을 가질 필요가 전혀 없다. 미래를 생각하면 일을 포기하지 않는 게 아이나 자신, 서로에게 더 좋은 것이기 때문이다.

사람은 태어나는 순간부터 독립적인 존재이다. 부모는 자녀를 선물 같은 존재로 여기는 것과는 별개로, 자신과 동일시해서는 안 된다. 자녀에게 늘 최고의 것을 주지 못하더라도 결코 미안해할 필요는 없다.

부모는 최선을 다하면 그뿐이지, 언제나 최고가 될 수는 없다. 부모의 역할은 아이가 잘 크도록 도와주고, 사회의 일원으로 독립하여 잘 살아갈 수 있도록 양육하는 것이다. 자신의 의도대로 아이를 키워 갈 수 있다고 생각하면 욕심이 생기게 마련이다. 그럴수록 자녀는 의존적인 삶을 살아갈 수밖에 없다.

부모인 나의 모습을 있는 그대로 자식에게 보여 줘야 한다. 힘들더라도 당당하게 살아가는 모습을 보여 주면, 아이는 '세상을 저렇게 살면 되는구나.' 하고 느끼게 된다. 가난하더라도 가족이 함께 행복하게 사는 모습만 보여도 부모 역할을 잘하는 것이다.

아이가 초등학교 때까지는 함께 보내는 시간을 최대한 많이 가져야 한다. 중학교 때부터는 부모와 자녀 사이는 분리되는 존재라는 것을 인식하고, 고등학교는 자녀가 독립할 수 있게 연습하는 시기로 삼아야 한다.

나는 가능하면 아들이 기숙형 고등학교로 진학했으면 하는 바람이다. 고등학교를 졸업하는 스무 살이면 완전히 독립된 개체가 되기를 바라기 때문이다. 기숙형 고등학교는 단체 생활을 하는 곳이기에 부모와 떨어지는 연습을 하는 데 적합하다.

스물이 넘어가면 자녀에게 친구 같은 부모가 되어야 한다. 지지자 역할만 할 뿐, 자녀의 인생에 개입하려 들어서는 안 된다. 나는 어린 아들에게 벌써부터 그런 이야기를 한다. 비록 지금은 이해하지 못하겠지만, 반복해서 들려주다 보면 어느 시점에는 아이가 이해하고 받아들이는 시기가 올 거라고 믿는다.

교육의 목표는 훌륭한 성적, 명문대 입학, 대기업 취직이 되어서는 안 된다. 독립된 존재로 살아갈 수 있게 하는 것이어야 한다. 대학교 조교로 있을 때, 자녀의 성적이 마음에 들지 않는다고 교수님 전화번호를 알려 달라는 부모도 있었다. 또한 취업을 위해 면접 장소까지 따라가서 챙기는 부모의 모습도 볼 수 있었다.

　　이런 부모의 행동은 자녀를 의존적으로 만들고 그것은 결혼 후까지도 이어질 수 있다. 결혼하고도 아예 부모에게 생활비를 받아 사는 자녀도 있다. 이 경우 결혼생활에 사사건건 간섭하는 부모로 인해 자녀 부부의 생활은 원만할 수 없을 것이다.

　　자녀는 스무 살이 넘으면 독립해야 한다. 자기가 선택하게 하고 책임지게 해야 한다. 막노동을 하더라도 자신이 주체적인 삶을 살아야 한다. 어떤 일이 생기더라도 문제를 스스로 해결하고 마음껏 누리되, 혼자서 책임질 수 있는 삶이 진정한 독립이다. 자녀를 완벽하게 독립시킬 수 있게 가르치는 것, 그것이 바로 진정한 교육이다. ✦

꿈,
하고 싶은 것과
잘하는 것의 구분

하고 싶은 것과 꿈을 이룬다는 것이
잘하는 것

꼭 성공을 의미하지는 않는다.

노래를 잘하는 것과

노래 부르기를 좋아하는 것은 다르다.

노래는 못하더라도 부르기를 좋아하는 사람도 있다.

노래 못하는 사람이 직업도 없이 노래만 부른다면,

꿈도 자립도 할 수 없다.

하지만 직업을 가지고 취미로 노래를 부른다면,

가수가 되지는 못했어도 꿈을 이룬 것이다.

"소년이여, 야망을 가져라!"라는 말이 있다. 꿈이란 캄캄한 밤을 밝히는 등대와 같다. 꿈은 목표이자, 인생의 나침반이다. 인생은 속도보다 방향이 중요하다. 목표를 위한 방향이 올바르다면, 비록 늦게 가더라도 목적지에 도착할 수 있다. 그런데 목표가 없다면, 제자리에서 뱅글뱅글 돌 뿐이다.

꿈을 가지면 그 꿈을 이루기 위한 일에 집중할 수가 있다. 꿈이 있다면 시련이 닥쳐도 극복할 힘이 생긴다. 인생이란 선택과 집중이다. 목표를 선택했다면, 꿈을 이루기 위해 자신의 모든 역량을 집중할 수가 있다. 목표가 없다면 힘이 분산된다. 또한 어려서부터 꿈을 갖고 그것을 이루기 위해 노력하면, 더 많은 시간을 투자할 수 있기에 꿈을 이룰 가능성은 더욱 커진다. 그러므로 꿈을 가지는 것은 인생에서 정말 중요하다.

하지만 한 가지 전제조건이 있으니, 바로 그 꿈이 경제적인 문제를 해결해 줄 수 있는지이다. 먹고사는 문제가 해결되지 않는 한, 꿈은 뿌리 없는 나무, 실이 끊어진 연과 같다.

그러니 자신이 하고 싶은 꿈과 생계를 해결해 줄 직업은 구분할 줄 알아야 한다. 꿈을 꾸더라도 경제적인 문제의 해결이 뒷받침되어야 하는 것이다. 그렇기에 자신이 이루고 싶은 꿈은 자신이 잘할 수 있는 직업과는 구분되어야 한다.

학원에 오는 학생에게 꿈이 뭐냐는 질문을 많이 한다. 아이들의 대답은 대부분 이렇다.

"없어요."

"모르겠어요."

"○○○이 꿈이기는 한데, 이루어질지는 모르겠어요."

많은 아이가 꿈을 추상적으로 생각거나, 막연하게 먼 훗날의 이야기로 여기는 경향이 있다. 또한 아이들은 꿈을 직업으로 말하기도 한다.

"의사가 되고 싶어요."

"경찰이 되고 싶어요."

"연예인이 되고 싶어요."

그 말은 꿈과 직업을 구분하지 못한 대답이다. 내 직업은 학원 원장이며, 북카페 대표이다. 그렇지만 내 꿈은 그림을 그리는 것이다. 어려서부터 그림을 그리는 작품 활동을 하고 싶었지만, 현재의 나는 어릴 때 희망처럼 그림을 그리며 살지는 못한다. 경제적인 문제를 해결하기 위한 직업을 가지고 있기 때문이다.

하지만 꿈을 버리지는 않았다. 나이가 들거나 현업에서 물러나면 난 어릴 적 꿈을 이루기 위해 다시 그림을 그릴 것이다. 직업과 꿈이 같다면 좋겠지만, 그렇지 않으면 자신의 꿈을 펼치기 위해서라도 직업을 가져야 한다.

많은 화가들이 궁핍한 생활을 한다. 자신의 꿈을 이루기 위해 그러한 힘든 상황을 참고 그림만 그린다. 그것은 과연 옳은 일일까? 경제적인 문제가 해결되지 않아 가족은 힘든 상황에 부닥쳤는데 꿈만 좇는다는 것은 무책임한 일이다. 이럴 때 자신의 꿈은 보류하고서라도 가족의 생계를 책임지는 것이 옳다. 별도의 직업을 가져야 하는 것이 맞다.

개그맨 이경규의 인터뷰를 본 적이 있다. 그는 우리나라 최고의 개그맨이다. 하지만 그가 진정으로 하고 싶어 하는 일은 영화 제작이다. 그는 영화를 만들었다가 망한 적도 있다. 개그맨으로 성공해서 번 돈을 영화 제작에 쏟아부었다가 망했지만, 그는 여전히 자신의 꿈인 영화를 만들고 싶어 한다.

영화배우 하정우는 유명한 스타다. 그는 배우로서 성공했지만, 화가로서도 성공했다. 그림을 판매한 수익으로 어려운 사람들을 돕는다고 한다. 그가 현실은 내팽개치고 좋아하는 그림만 그렸다면 화가로 성공할 수 있었을까?

어른, 학생 할 것 없이 꿈과 직업을 정확히 구분할 수 있는 식견이나 통찰이 필요하다. 막연하게 꿈만 향해 달리는 것은 비현실적이다. 그러므로 꿈을 꿀 때, 그 꿈이 경제적 바탕이 되느냐를 심각하게 고민해야 하는 것이다.

요즘은 건축가나 의사 등 전문직에 종사하면서 그림도 그리고 음반도 내는 사람이 있다. 취미를 넘어 꿈을 향해 달리다 보니 이룰 수 있었던 결과물인 것이다. 꿈을 이룬다는 것이 꼭 성공을 의미하지는 않는다. 노래 잘하는 것과 노래 부르기를 좋아하는 것은 다르다. 노래는 못하더라도 부르기를 좋아하는 사람도 있다. 노래 못하는 사람이 직업도 없이 노래만 부른다면, 꿈도 자립도 할 수 없다. 하지만 직업을 가지고 취미로 노래를 부른다면, 가수가 되지는 못했어도 꿈을 이룬 것이다.

나는 남을 가르치는 걸 좋아하고, 다른 사람들과 소통하는 모임을 좋아하는 성향을 지녔다. 그렇기에 학원 원장, 인문학 아카데미 카페 운영자를 직업으로 삼아 즐겁게 돈을 벌고 있다.

그렇지만 미술로 작품 활동을 하고 싶은 내 꿈을 위해 현재의 일을 즐기며 열심히 살 수 있는 것이다. 또한 인문학 아카데미에 미술 원데이 클래스 커뮤니티를 개설하여 다른 사람과 함께 그림 그리기를 시도하고 있다. 현재는 미진하지만, 언젠가 그 꿈을 펼치고 말겠다는 꿈을 강하게 열망하고 있다.

대학에서 강의한 적이 있다. 많은 청년이 꿈과 현실의 괴리에서 현실적 고민을 하고 있었다. 돈이 안 되는데 꿈을 향해 달려가야 하는가?

특히 예술을 하는 청년들의 고민이 심각했다. 전업 예술가의 비중은 아주 낮다. 나는 학생들에게 꿈은 어디까지나 꿈일 뿐이므로, 현실을 헤쳐 나가기 위해서는 무엇보다 평소에 자신을 관찰해서 다른 사람보다 잘할 수 있는 일을 직업으로 가지라고 조언했다. 하고 싶은 것이 돈이 되지 않는다면, 돈이 되는 잘하는 것을 해야 한다. 두 가지를 구분해서 삶에 적용하면 만족도가 높아진다.

무턱대고 자신이 하고 싶어하는 것만 하다가 생활고에 시달리면, 꿈을 포기하거나 꿈을 부정하게 되는 실패를 경험할 수밖에 없다. 꿈과 직업을 동일시하지 않는다면, 꿈을 위해 하는 일이라면, 막노동을 하더라도 삶의 만족도가 높다. 그러니 꿈과 직업을 구분하여 생각하라. 경제적인 문제가 해결되면 훨씬 더 현실적이면서도 자유로운 삶을 살 수 있다.

꿈은 중요하다. 많은 사람이 자신의 꿈을 이루고 싶어 한다. 하지만 경제적인 독립이 이루어지지 않는다면 그 꿈을 이루기 힘들다. 대부분의 직장 여성은 그러한 사실을 인지하고 있다.

일의 목적이 생계 유지인 경우도 있겠지만, 꿈을 이루기 위해 직업을 가진 경우도 많다. 포기하지 않으면 언젠가는 자신의 꿈을 이루는 그날이 반드시 올 것이라고 믿는다. ✦

4

슬기로운
결혼생활

숙성은 성숙과 비슷한 어감을 지닌다. 지금 우리 부부는 부부로서 나날이 성숙해지는 중이다. 아삭한 풋사랑이 그리울 때도 있지만, 지금의 남편을 있는 그대로 바라보고 사랑하며 함께 익어갈 것이다.

싸울 일이 없다, 나만 잘하면

결혼생활의 진리 상황은 언제든지 변할 수 있다.

예전의 남편과 지금의 남편이

다른 모습인 것처럼.

그러나 결혼생활의 진리는 변하지 않는다.

'나만 잘하면 된다.'

남편이 결혼하기 전, 항상 내게 했던 말이 있다.

"미향 씨 만나서 정말 행복해요. 내가 잘할 테니 걱정 말아요. 앞으로 정말 잘할게요."

노총각 남편은 나를 만나 연애를 하며 꽤 좋았던 모양이다. '내 인생에 여자는 없나 보다.' 하고 단념하며 살고 있던 어느 날, 나를 만난 이후로 그동안 멈춰 있던 심장이 다시 뛰기 시작했다고 한다. 평소 조용한 성격이고 신중하며 성실한 남편의 말, "내가 정말 잘하겠다." 라는 이 말을 나는 믿어 의심치 않았다. 아니, 정말 잘할 것 같았다.

연애 시절에 공주 대접을 받지 않은 여자가 누가 있겠냐마는, 나는 주변에서도 '넘버 원'으로 꼽힐 만큼 남편이 잘해 주었다. 매일 아침 출근길에 들꽃이라도 꺾어 내가 자는 침대 옆에 몰래 두고 갔고, 내가 늦은 시간까지 술을 마시거나 일을 할 때도 어디라도 찾아와 집까지 안전하게 데려다주곤 했다. 그는 항상 나를 걱정해 주고 보살펴 주었다.

지금도 남편은 최선을 다해 나에게 잘해 준다. 하지만 결혼 8년 차, 남편이 들으면 섭섭할는지 모르겠으나 지금 하는 것은 연애 시절 나에게 공을 들인 것에 비하면 반의반도 못 미친다. 연애 시절에는 모든 것이 내 위주로 돌아갔고, 나는 그것이 당연한 줄로만 알았다.

그렇지만 결혼생활은 그렇지 못했다.

변덕이 심하고 까탈스러운 나를 맞춰 주지 못해 싸움은 시작되었고, 싸움의 패턴은 항상 비슷했다. 남편은 이성적으로 판단하여 논리적으로 나를 설득하려 한 반면, 나는 내 편이 아닌 남편이 섭섭하다는 이유로 화를 냈기에 더 이상 대화가 되지 않았다. 연애할 때는 모든 것을 이해하고 맞춰 주던 남편이 나의 잘못을 지적하거나 자신의 논리로 나를 제압하려 들 때면, 마음속에서 참을 수 없는 배신감 같은 것이 치밀어 올랐다.

지금 생각해 보면 참으로 어리석고 유치한 발상이다. 모든 것을 해 주길 바라고 해 달라는 대로 안 해 주면 떼쓰고 울고불고 고집부리는 어린아이 같았다. 하지만 그 당시에 나의 감정은 울분과 섭섭함으로 가득 채워지고 있었다.

그도 그럴 것이 연애 시절 나를 가장 먼저 배려해 주던 남편의 모습은 나에게는 일상이었고 특별한 것이 아니었다. 그냥 원래 그렇게 착하고 나만 바라보는 사람인 줄 알았다. 순진하게도 그것이 나를 위해 최선을 다하는 모습이라는 걸 몰랐다. 어찌 보면 남편으로서는 초인적인 힘을 발휘한 것인지도 모른다.

대부분의 여자가 착각하는 함정이 바로 여기에 있다. 남자는 좋아하는 여자를 만나면 그 여자를 자신의 소유로 만들기 위해 초인적인 힘을 발휘한다.

연애할 때 많이 나오는 신경 물질이 페닐에틸아민과 도파민인데, 페닐에틸아민이 분비되면 초콜릿을 먹었을 때와 비슷한 반응이 뇌에서 일어난다. 초콜릿 맛이 어떤가? 초콜릿은 마법 같은 엄청난 황홀감을 선물해 준다. 이런 황홀감은 성욕을 자극하고 관능적으로 만들어 주기도 한다.

그런가 하면 도파민은 감정을 신나게 만들고, 기대하게 하며, 즐겁게 해 준다. 사랑할 때 뇌에서 분비되는 호르몬과 신경 전달 물질이 상대방이 호감을 느끼도록 강력하게 작용하는 것이다. 여행 갈 때 평소와는 다르게 기분이 좋아지고 새로운 기분을 느끼는 것도 같은 맥락이 아닐까 싶다.

하지만 사랑에는 유효기간이 있다. 여행에도 기간이 정해져 있는 것처럼 말이다. 사람마다 다르겠지만, 신경 전달 물질의 반응은 1~3년 정도라고 한다. 거의 마약에 취해 있는 정도의 황홀감에 빠져 있다가, 그 기간이 지나면 시들시들해진다.

그러다 완벽한 현실 세계와 마주하면 그 상실감과 이질적 상황에 적응하기가 쉽지 않다. 남자가 잘못해서가 아니라 몸의 반응, 과학적으로 그렇게 될 수밖에 없는 시스템이다. 그래서 남자는 자기가 뭘 잘못했는지, 왜 여자가 섭섭함을 느끼고 삐쳐 있는지조차 모르며, 말을 해도 이해하지 못한다.

싸움이 시작되는 순간이다. 나 또한 이렇게 많은 신경전과 말다툼, 서러움에 복받치는 감정을 추스르지 못하여 많이 싸웠다. 싸움이 끝나지 않고 긴 침묵으로 시간을 보낸 세월도 있었다. 남자는 여자가 왜 화가 났는지 이해하지 못하고, 여자는 자기의 맘을 알아주지 않는 남자가 섭섭하고 더 이상 자신을 사랑하지 않는다고 생각한다.

　나도 여자지만 여자는 성급한 일반화의 오류를 범하기 쉬운 경향이 있다. 그래서 나는 좀 더 현명해지기로 했다. 앞에서 이야기했던 신경 전달 물질의 구조와 유효 기간을 이해하고, 바르게 대처하기로 마음먹은 것이다.

　나는 그런 남편을 대상으로 기 싸움을 하거나 투정 부리는 아내가 되기보다는 이 구조를 이해하고 현실을 직시하는 편이 낫다고 생각했다. 좀 극단적으로 이야기하자면, 남편은 내가 연애 시절에 알던 그 사람이 아니다.

　연애할 때의 감정은 여행할 때 느끼는 감정과 비슷하다. 여행할 때 좀 더 밝고 평소와는 전혀 다른 나의 모습을 본 적이 있다. 여행지에 있는 내 모습이 진짜 내 모습인지 현실에서의 내 모습이 진짜인지 헷갈릴 때도 있었다. 확실한 건 두 모습이 아무리 달라도 다른 두 모습 모두 '나'라는 것이다.

　연애 시절 남편과 어쩌면 아직도 여행하고 있었는지도 모르겠다. 그때의 남편에게 나는 지금과는 다른 나였고, 지금의 나에게 남편은 그때와는 다른 남편이었다. 다른 두 모습이지만 확실한 건 그 모든 것이 지금 남편과 나의 실존적 모습이라는 것이다.

지금 우리의 모습 또한 다른 모습으로 매일매일 바뀌며 살아간다. 매일 여행하는 기분을 느끼며 살면 얼마나 좋겠냐마는, 현실에서 매일 여행 타령만 할 수는 없다. 여행에서의 좋은 기억을 추억 삼아 미소 짓고, 내 일상에 만족하며 또다시 여행 계획을 세워 설렘을 느껴 보는 것이 현재 남편을 바라보는 마음이다.

이제 남편이 예전에 나에게 들려주었던 믿음직한 말을 내가 그에게 그대로 돌려주고자 한다.

"여보, 이제 내가 똑똑해졌으니 걱정하지 말아요. 알아서 잘할게요."

든든한 후원자,
남편

결혼하길 항상 자신보다는 나를 생각해 주는 남편이 있어
정말
잘했다 나는 계속 성장할 수 있었고,

지금도 나의 성장은 멈추지 않고 있다.

이 세상에 한 명밖에 없는 가장 소중한 사람이자

나의 든든한 후원자가 있어,

오늘도 나는 행복하게 일하고 있다.

결혼하길 정말 잘했다.

남편은 좋은 아들이고, 내 아들의 좋은 아빠이며, 사랑스러운 나의 남자이다.

나와 결혼하기 전 남편의 모습을 상상해 본다. 청소년 시절, 대학 시절, 군인이었던 모습 등. 시어머니의 말씀으로는 삼 남매 중 막내였는데 속 한번 안 썩였다고 하니 얼마나 착한 아들이었는지 상상이 간다. 위로 형과 누나가 있는데, 두 사람 다 사교육 한번 안 시켜도 공부를 잘했단다. 그래서인지 남편도 당시 비평준화 시절 울산 최고의 명문고에 입학했다. 하지만 공부에는 취미가 없어 농구를 한 기억밖에 없다고 했다.

그렇게 대학생이 된 남편은 학과 공부보다는 컴퓨터에 관심이 많았고 동아리 활동을 하며 컴퓨터를 가까이했다. 전공은 화학 공학이었으나, 처음 입사한 회사는 삼성그룹의 IT를 담당하는 삼성SDS였다. 그는 삼성그룹에서 10년 넘게 일하다가 결혼 후 이직했다.

삼성이라는 좋은 직장을 포기하고 남편이 이직을 결심한 이유는 나와 아들을 위해서이다. 근무처가 울산이었는데 서울 본사로 발령이 났던 것이다. 그 당시 우리는 결혼 1년 차였고, 나는 아들을 임신 중이었다. 내가 서울에 가기 싫다고 하자, 남편은 주말부부를 해야 하나 한참을 고민했다.

남자로서 왜 야망이 없었겠는가. 대기업에서 임원직 날개를 펼쳐 보고픈 마음도 있었겠지만, 남편은 여러 가지를 고민한 끝에 이직을 결심하고 울산에 남았다. 그렇게 이직한 후 연봉도 깎이고 일은 훨씬 더 많은 회사에 다니는 남편을 보며 항상 미안한 생각이 든다.

그 모든 결심이 나를 위한 배려였고, 아들이 성장해 가는 모습을 가까이에서 보기 위함이었을 것이다. 남편은 그렇게 자신을 포기하고 가정을 우선시했다.

연애 시절, 남편은 주변 남자들에게 공공의 적이었다. 나에게 너무 잘해 주니 주변 남편들의 핀잔을 받기 일쑤였다. 경상도 남자는 무뚝뚝하기로 유명한데, 이 남자는 내가 본 어떤 서울 남자보다 다정다감했다. 데이트할 때면 "타세요, 공주님." 하며 차 문을 열어 주는 매너남이었고, 조그만 핸드백이라도 들고 있으면 "무거운데 이리 주세요." 하며 한사코 들어 주었다. 맛있는 음식이 있을 때면 내 숟가락에 올려 주는 자상함까지 지니고 있었다. 좋은 남자에서 좋은 남편으로의 행진은 지금도 계속되고 있다.

우리는 결혼하고도 둘만의 시간을 보내야 한다며 어린 아들을 시어머니께 부탁하고 해마다 여름휴가를 보냈다. 1년에 한 번, 그림

같은 멋진 곳에서 낭만 가득한 시간을 만끽했다. 필리핀의 보라카이, 말레이시아의 코타키나발루 같은 휴양지의 멋진 추억은 잊을 수 없다.

잠시 육아와 일을 잊고 둘만의 멋진 시간을 가질 수 있게 해준 남편에게 감사한다. 시어머니에게 아이를 맡기고 여행을 떠나는 것을 미안해하는 나에게 남편은 "어머니에게는 좀 미안해도 이렇게 삽시다. 우리가 행복하게 사는 것이 어머니가 진정 원하는 삶일 거예요." 하며 안심시켜 주었다.

그렇게 시어머니 찬스는 계속되었다. 남편은 결혼기념일에도 호텔을 빌려 나를 감동하게 하는 경우가 많았다. 가장 기억에 남는 것은 꽃과 풍선으로 호텔 방을 꾸며 놓고 와인병을 들고 떨리는 목소리로 노래를 불러 준 일이다. 배우 박신양이 드라마에서 불렀던 〈사랑해도 될까요〉였다. 나는 요즘에도 이 노래를 자주 듣는다.

"문이 열리네요. 그대가 들어오죠. 첫눈에 난 내 사람인 걸 알았죠. 내 앞에 다가와 고개 숙이며 비친 얼굴. 정말 눈부시게 아름답죠."

이 노래는 남편이 나에게 불러 주는 '사랑의 세레나데'가 되었다. 이 노래를 들으며 남편을 생각하면 마음이 따스해진다. 이런 남편이 또 있을까. 남편이 만들어 준 둥지에서 나는 한없이 편안했다. 그런 사랑과 보살핌 아래 나는 일에 전념할 수 있었다.

결혼 후 학원을 운영했는데, 그때에도 남편의 내조는 계속되었다. 학원의 크고 작은 일을 봐 주는 것은 물론이거니와, 겨울방학 때마다 학원 아이들을 대상으로 열었던 스키 캠프는 학부모들의 반응이 매우 좋았다. 그것은 강사 수준의 스키 실력을 갖춘 남편이 있었기에 가능한 일이었다. 그는 아이들 한 명 한 명 장비부터 시작해 운전까지 해 주는 최고의 스키 선생님이었다. 참고로 나는 스키를 탈줄 모른다. 남편은 겨울방학 캠프의 기획부터 운영까지 도맡아 진행하였다.

겨울뿐만 아니라 여름에도 초등부, 중등부를 대상으로 워터파크나 1박 2일 펜션 체험을 하면서, 고기도 구워 먹고 게임도 하며 즐겁게 시간을 보냈다. 그런 이벤트는 남편 없이는 상상도 할 수 없는 일이었다. 그렇게 몇 년간 학원이 잘되며 2호점 확장을 결정했지만, 공사 직후 코로나 상황이 닥쳐 2호점은 오픈하자마자 바로 문을 닫는 실패를 맛보았다. 하지만 나는 좌절하지 않고 바로 인문학 아카데미인 '이야기 끓이는 주전자' 대표직을 맡아 지금까지 운영해오고 있다.

　이 또한 남편의 끊임없는 지지가 없었다면 불가능했을 것이다. 일의 특성상 독서 모임이나 문화 행사를 진행하는 일이 많은데, 모임 대부분과 행사는 밤에 이루어졌고, 육아는 남편 몫이 되었다. 그런 나에게 남편은 "당신은 일할 때 가장 행복해 보여."라고 뒤에서 든든한 응원을 아끼지 않았고, 그의 응원은 지금까지도 변함없이 이어지고 있다. ✳

콩깍지
벗겨졌을 즈음

숙성된 연애 시절 사랑의 맛은
사랑의 맛

막 담근 김치와 같이

싱싱함과 사각사각함에 양념이 더해져

씹으면 상쾌함이 느껴지는 맛이다.

익은 김치는 싱싱한 설렘의 맛은 없지만,

대신 숙성된 특유의 맛이 있다.

그 맛은 시간이 가면 갈수록 무르익어

깊고 은근해진다.

그 맛을 감정의 언어로 표현하면

'정(情)'이라 부를 수 있으리라.

사랑에 빠져 본 경험은 누구나 있을 것이다. 대부분 사랑에 빠졌을 때 제대로 된 연애도 못 하고 자신답지 않은 이상한 행동을 많이 하곤 한다. 호르몬 변화 때문인지 정말 내가 생각지도 못했던 행동을 하며 스스로 놀란 적이 한두 번이 아니다.

상대방에게 잘 보이기 위해 로맨틱해지기도 하고, 적극적인 사람으로 변하기도 한다. 그리고 경제적 능력을 과시하고자 명품을 선물하기도 한다.

그중 가장 신기한 것이 있다면 사랑에 빠지면 내가 예뻐지기도 하고, 상대방이 진짜로 잘생겨 보이기까지 하는 것이다. 친구들이 눈에 콩깍지가 제대로 씌었다고들 말하지만, 내 눈에는 정말이지 완벽한 남자만이 보일 뿐이다.

주변 배경이 흐려진 적이 있는가? 사랑하는 사람의 행동이 슬로우 모션으로 보인 적이 있는가? 여행지에서 본 그의 모습은 세상을 다 가졌다고 해도 모자랄 만큼 완벽한 모습이었다. 거기에 술이라도 한잔 마신 날에는 그의 옆모습, 웃는 모습까지 영화의 한 장면이라고 말해도 손색이 없을 만큼 완벽한 슬로우 모션으로 보인다.

'완벽한 저 남자가 진정 나의 남자란 말인가?' 하고 의심할 정도로 그가 멋져 보인다. '콩깍지가 단단히 씌었다는 게 이런 기분이

구나.' 하는 것도 느낀다. 아무리 냉정하고 명철한 가슴으로 대상을 바라봐도 내 앞에 서 있는 이 남자는 세상에서 제일 멋진 남자다. 그때의 두근거림과 설렘. 누구나 경험했으리라 생각한다.

그러나 그 콩깍지의 기간은 오래 가지 않는다. 그런 연애 시절을 거쳐 결혼하고 아이를 가지면서 그 특별한 남자는 온데간데없어지고, 평범하기 그지없는 그저 무뚝뚝하고 재미없는 중년 남자와 함께 살게 된다.

콩깍지는 대단한 힘이다. 지금 보고 있는 저 남자가 내가 그토록 사랑했던 슬로우 모션의 주인공 남자였는지 의심스러울 정도로 볼품없는 이 남자와 마주할 때면 불편하기까지 하다.

많은 친구와 언니들에게 남자의 두 얼굴에 관한 이야기는 들었지만, 이 남자만은 특별한 존재이고 평생 변하지 않을 거라는 믿음을 가지곤 한다. 하지만 과학적인 확률은 적중했다. 남자들은 대개 연애 기간 동안 최선을 다해서 여자들의 혼을 쏙 빼놓을 정도로 사랑에 빠지게 한 다음, 본래 모습으로 돌아가 버린다.

언젠가 이런 불편한 마음을 표현한 적이 있다.

"여보, 우리 연애할 때의 김봉규 씨는 어디 갔어요? 그땐 정말 잘해 줬는데. 지금 못한다는 건 아니지만 완전 차원이 달라요."

"연애 초기에 여자를 만날 때처럼 끝까지 잘해 준다면 남자들 다 죽어요."

뭐지? 나는 이 말에 충격을 받은 적이 있다. 이제 나는 무엇을 믿고 어떻게 살아가야 한다는 것일까? 여자들 대부분이 이 대목에서 딜레마에 빠지게 되어 있다. 그런 남편을 보면서 '이 사람 변했구나.' 하고 생각했다. '사랑에는 유효 기간이 있다는 말이 틀린 말이 아니구나.' 싶었다.

그런데 그런 남편과 살아가면서 '변한 것은 남편이 아니라 내가 아닐까?'라는 의문이 생겼다. 사랑의 근본이 변한 것이 아니라 밖으로 보이는 색깔이 바뀐 것은 아닐까 하는 의문.

연애 시절의 가슴 뛰는 설렘은 줄었지만, 다른 무언가가 남편에게서 느껴졌다. 음식에 비유하자면 발효 식품 같다고나 할까. 일반 음식은 유통 기간이 지나면 못 먹게 되지만, 발효 식품인 김치는 유통 기간과 상관없이 시간이 지나면 지날수록 잘 익어 깊은 맛을 내게 된다.

사랑도 유효 기간과는 상관없이 시간이 지날수록 발효되어 숙성된다는 것을 느꼈다. 연애 시절 사랑의 맛은 막 담근 김치와 같이 싱싱함과 사각사각함에 양념이 더해져 씹으면 상쾌함이 느껴지는 맛이다. 풋김치의 맛은 사랑하는 사람을 보며 설레는 맛과 같다. 물론 이것은 이것대로 맛이 있지만, 익은 김치는 싱싱한 설렘의 맛은 없지만, 대신 숙성된 특유의 맛이 있다. 그 맛은 시간이 가면 갈수록 무르익어 깊고 은근해진다. 그 맛을 감정의 언어로 표현하면 '정(情)'이라 부를 수 있으리라.

지금 남편과 나의 관계는 더욱 깊이 숙성되어 가는 중이다. 숙성은 '성숙'과 비슷한 어감을 지니고 있다. 이 순간에도 우리는 부부로서 나날이 성숙해지고 있다. 때론 아삭한 풋사랑이 그리울 때도 있지만, 지금의 남편을 있는 그대로 바라보고 사랑하고 익혀 갈 것이다. 사랑의 콩깍지는 땅속 장독대에 묻어 둔 채로. ✳

취향 존중,
취미 공유

재미있고
즐겁게
함께 살기

결혼은 함께 살려고 했지,

각자 따로 생활하려면 왜 결혼했단 말인가.

재미있고 즐겁게 함께 살려고

결혼한 것이 아닌가.

부부 생활에서 취미 활동을 공유한다는 것은 관계를 좋게 만드는 일등 공신이라 할 수 있다. 그런데 많은 부부가 취미 활동을 같이 하지 않는다. 취미 활동이라는 것이 그 사람의 성향을 대변하는 것이기에 성격이 비슷해야 같은 취미를 가질 수 있는데, 다른 환경에서 성장한 두 사람이 같은 취미를 가지기란 어렵다.

남자와 여자는 자신이 가지지 못한 부분을 가지고 있을 때 호감도가 높아진다고 한다. 많이 배우지 못한 사람은 똑똑한 사람을 보고 매력을 느끼고, 정적인 사람은 활발하거나 리더십이 있는 사람을 보고 반해 버리는 경우가 많다. 그래서 자신이 가지지 못한 반쪽을 찾아 헤맨다는 이야기도 있는 것이다.

나도 그랬다. 남편은 내가 가지지 못한 차분함, 온화함과 함께 정적이고 자상하게 나를 챙겨 주는 모습을 가졌는데, 난 그것이 좋았다. 남편 또한 당돌하고 청개구리같이 좌충우돌 톡톡 튀는 나의 모습을 보고 반했다고 한다.

누가 봐도 우리 둘은 닮은 구석이 없다. 연애 시절의 매력은 결혼생활을 하고 난 후 현실에서는 매력이 아닌 반전이 되어 버린다. 달라도 너무 다른 사람과 함께 산다는 것은 곤혹스러운 경험이며, 황당한 사건의 연속이다.

나는 미술 전공자로서 예술가적인 기질을 가지고 있다. 음악 듣는 것과 영화 보는 것을 좋아하고, 와인 한잔 마시며 이야기하는 것을 좋아한다.

그러나 남편은 공대 출신의 이성적인 인물의 전형이라 할 수 있다. 지금도 IT 회사의 컴퓨터 프로그래머로 일하며, 출근해서 회사 사람과 한마디도 안 하고 퇴근한 적도 많다고 한다. 남편의 성격이 그렇다는 것이 아니라 일의 특성이 그렇다 보니, 각자 개인플레이가 많은 것이다. 공대 출신의 취향이 다 그런 건 아니지만, 우리 둘은 너무 달랐다.

음악을 틀 때도, 영화를 고를 때도, 주말에 여행 계획을 짤 때도 눈살이 찌푸려질 때가 한두 번이 아니다. 나는 재즈풍의 블루스나 하우스 라운지 음악을 좋아한다면, 남편은 트로트나 7080 노래를 좋아한다. 영화 또한 남편은 마블 시리즈나 대중적인 흥행 영화를 좋아하는 반면, 나는 예술 영화나 독립 영화를 좋아한다. 내가 재미있다고 생각하는 영화를 보면 남편은 내용이 불순하다는 둥, 재미가 없다는 둥, 감독 정신 상태가 이상하다는 둥, 영화를 보며 인상을 찡그리곤 한다.

취미 활동을 함께할 수 없다는 것을 처음 알았을 때, 나는 짜증이 났다. 솔직히 말해 남편의 수준이 낮다고 생각했다. 그러나 남편 또한 이상한 영화, 수위가 높은 변태(?) 같은 영화를 보며 좋아하는 내가 이상해 보였을 것이다.

'달라도 너무 다른 남편과 어떻게 하면 취미 활동을 같이할 수 있을까.' 하는 고민을 참 많이 했다. 내 경우에는 힘들게 일하고 난 자신에 대한 유일한 보상이 집에서 맥주나 와인을 마시며 음악을 듣거나 영화 한 편 보고, 주말에는 다양한 활동을 하는 것인데, 남편은 나와 취미가 다르니 참 난감했다. 처음에는 취향이 다르니 각자 자신의 방식대로 따로 생활하면 되겠거니 했다. 하지만 그러다 보니 남편과 서먹서먹한 느낌이 들었다.

남편과 함께할 수 있는 것이 무엇일까? 적극적으로 생각해 보기 시작했다. 둘 다 할 수 있는 것, 나도 할 수 있고, 남편도 할 수 있는 것이 무엇일까? 정신건강에 좋거나 육체적으로 건강해질 수 있는 것이라면 금상첨화라고 생각했다.

처음 생각한 것이 '독서'이다. 우리 둘 다 독서광은 아니지만 나름대로 책은 좋아하기 때문에, 그리고 아이에게도 책 읽는 부모의 모습을 보여 주는 것이 좋다고 생각해서 책을 함께 읽자고 제안하였다. 그러나 이건 오래 가지 못했다. 각자 취향대로 책을 읽는 것은 좋았지만, 힘든 회사 생활을 하고 집에 와서 책을 읽는 것은 거의 일의 연장 수준이었기 때문이다.

다시 고민했다. 나는 남편에게 그림을 한번 그려보면 어떻겠느냐고 했다. 내가 남편을 가르쳐 줄 수도 있고, 그림으로 작품 활동하는 부부라니 생각만 해도 멋진 일이었다. 또 나이가 들어 은퇴하고 나서도, 늙어도 할 수 있는 취미 활동 중에 작품 활동만 한 것이 없다고 여겼다.

그런데 웬만한 것은 내가 하자고 하면 하는 흉내라도 내는 남편이 그림만큼은 단호하게 거절했다. 괜히 공대생이겠는가. 그림을 그리자는 건 나의 욕심에 불과했고, 남편의 생각을 존중해야 했다. 이것도 패스!

다음 아이디어는 운동을 함께하는 것이었다. 남편은 성격이나 외모는 굉장히 정적이고 차분한데 운동을 좋아하는 편이고, 웬만한 운동은 못 하는 것이 없다. 스키나 골프를 특히 좋아하는데, 나는 스키는 타 본 적도 없고 골프는 결혼 전 몇 번 시도해 보기는 했으나 돈이 많이 들고 재미도 없어 안 하고 있었다.

그래도 함께하는 것을 찾아야 했기에 스키나 골프 중 하나를 골라 보기로 했다. 스키는 스키장에 가야만 했고 무섭기도 해서 골프를 선택했다. 그즈음에 이사한 아파트 밑에 골프 연습장이 있어 함께 골프를 치러 다니기 시작했다.

골프는 인내를 요구하는 운동이라서 별로 재미가 없었지만, 스크린 골프라는 새로운 장르가 열려 있었다. 실내에서 라운딩 나가는 것처럼 18홀을 돌 수 있고, 한 홀 한 홀마다 내기를 할 수 있어서 너무나 재미있었다. 나는 남편과 주말이면 요즘에도 스크린 골프장에 가서 한 게임씩 한다. 내기는 주로 집안일 하기, 점심이나 저녁 사 주기이다. 그렇게 함께할 거리를 찾은 우리 부부는 즐겁게 취미 활동을 할 수 있었다.

보통의 경우 성향이 다른 부부들은 취미 활동을 함께하는 것을 포기하고 따로 생활하곤 한다. 따로 하는 것도 나쁘진 않지만, 한두 개 정도 부부가 함께할 수 있는 것이 있어야 행복한 생활을 할 수 있다. 나는 대박 영화, 흥행 영화는 남편과 함께 보고, 내가 보고 싶은 독립 영화는 남편이 자고 있을 때 보거나 내 방에서 따로 본다. 음악도 차에 크게 틀어 놓고 혼자 미친 듯이 듣는다. 때론 멋지게 혼자서 드라이빙을 즐기기도 한다.

이렇듯 부부라고 해서 반드시 모든 것을 함께해야 하는 것은 아니다. 그렇다고 모든 것을 따로 할 수도 없다. 남편이나 자녀가 각자 생활에 치중하다 보면 행복 지수는 떨어지기 마련이다. 각자의 취향을 존중해 주면서 한두 개 정도 함께할 수 있는 것을 찾을 수 있다면 좀 더 행복한 부부관계를 유지할 수 있다. ✳

부부의
슬기로운 각방 생활

이기심과 취향 사이

사랑한다는 이유로 서로에게 강요하지 말고

각자 해결할 것은 각자 해결하자.

이는 이기적인 것이 아니라,

개인적인 성향과 취향을 존중하는 것이다.

이 차이를 제대로 인식해야

행복한 결혼생활을 해 나갈 수 있다.

우리 부부는 각자의 방이 따로 있다. 8년 동안 부부생활을 하고 있지만, 각자의 방에서 잠을 잔 적이 많다. 처음 아기가 태어나고부터 따로 자던 버릇이 이렇게 되어 버렸는데, 서로 각자의 방이 있어 좋은 점이 더 많다고 생각한다.

다른 사람에게 각자의 방이 있는 이야기를 하면 우리 부부가 사이가 안 좋을 것으로 생각할 수도 있지만, 전혀 그렇지 않다. 남편은 자기 전까지 항상 내 옆에 있어 주고, 아침에 일어나 내 방에 와서 이불을 덮어 주거나 머리를 쓰다듬어 주고 뽀뽀를 한 후 출근한다.

각자 자는 스타일이 다르고 자는 시간이 달라서 따로 자지만, 각자의 수면 패턴에 맞춰서 자는 것이 훨씬 좋은 점이 많다는 것을 알게 되었다. 옆에 같이 자면 불편할뿐더러, 자는 시간도 맞춰야 해서 난감할 때가 많다.

나는 학원 선생이기 때문에 늦게 퇴근하는 일이 잦고, 남편은 새벽 출근을 해야 해서 일찍 잠자리에 든다. 남편이 자고 있을 때 퇴근해서 부스럭거리는 일이 많다 보니 신경이 쓰였다. 그런데 따로 자기 시작하면서 퇴근 후에 맥주를 한잔 마시거나 영화를 보는 등 나만의 자유 시간을 가질 수 있어 지금은 훨씬 만족한다.

사실 각방이라는 말은 좀 그렇고 안방이 내 방, 서재 방이 남편

방인 셈이다. 남편은 깔끔하고 정리 정돈을 잘하는 스타일이라서 옷 정리나 서재 방 정리는 스스로 한다. 항상 서랍이나 옷장을 열어 보면 계절별로, 길이별로, 종류별로 정리가 정말 잘 되어 있다.

그에 반해 나는 옷이 산더미처럼 쌓여 있다. 또 옷을 찾으려면 그 산더미를 다른 산더미로 옮길 뿐 정리는 잘하지 못한다. 정리해도 다음 날이면 다시 산더미가 생긴다.

그 산더미를 정리 잘하는 깔끔한 남편이 봤을 때 얼마나 보기 싫고 짜증이 날까 생각할 수도 있다. 하지만 남편은 그에 대해 한마디도 하지 않는다. 처음부터 이건 내 스타일이니 건드리지 말라고 이야기했기 때문이다.

나도 남편의 영역에 대해서는 내 마음대로 하지 않는다. 나는 물건을 쓰고 본래 자리에 잘 두지 않는 스타일인 반면, 남편은 물건을 쓰고 나면 반드시 제자리에 갖다 놓는 스타일이다.

남편도 내 화장대나 옷방이 아무리 지저분하고 어지럽혀져 있어도 청소를 해 주지 않는다. 깨끗함을 기준으로 따지지 않고 각자의 라이프 스타일을 존중하기 때문이다. 이 얼마나 좋은가. 서로 각자의 삶을 존중한다는 것이! 이렇게 '존중'이라는 명목 아래 관계가 멀어질 수도 있지만, 그것은 다른 영역이다.

예를 든다면 코를 고는 남편과 예민한 부인이 함께 잔다고 상상해 보자. 이것은 예민한 부인에게 엄청난 스트레스가 된다. 아내를 너무나 사랑한 남편은 아무리 따로 자자고 해도 꼭 부인과 함께 자야 한다고 고집을 부린다. 이유는 사랑하기 때문이다.

이것은 사랑과는 다른 차원이다. 부인은 이런 남편을 이기지 못하고 매일 뒤척이며 뜬눈으로 잠을 설친다. 이것이 과연 사랑일까.

참는 것이 능사는 아니다. 서로 사랑한다는 이유만으로 모든 것을 함께하려는 것은 매우 위험한 발상이다. 코 고는 남자는 잘못이 없다. 그냥 수면 패턴상 코를 골 뿐이다. 또한 예민한 여자도 잘못이 없다. 예민한 사람도 있고, 그렇지 않은 사람도 있는 것이다.

둘 다 잘못된 것은 없지만, 사랑이라는 이유만으로 부부가 꼭 함께 자야 한다고 고집 피우는 게 잘못이다. 각자의 스타일대로 각자의 방식대로 잠도 자고 먹고 하는 것이 현명한 생활 방식이 아닐까. 아무리 부부지만, 각자의 영역을 존중해야 한다.

사랑한다는 이유로 서로에게 강요하지 말고, 각자의 일은 각자 해결하자. 이는 이기적인 것이 아니라 개인적인 성향과 취향이다. 이 차이를 제대로 인식해야 행복한 결혼생활을 해 나갈 수 있다.

나는 남편을 존중한다. 그리고 그게 무엇이 되었든 인정해 주려고 노력한다. 가끔은 불평불만을 늘어놓을 때도 있지만, 되도록 있는 그대로 받아들이려고 노력하는 중이다.

여성들이여, 내가 만들어 놓은 남편의 모습을 그리지만 말고, 남편의 진짜 모습을 보고 인정해 주자. 못났건 잘났건 내가 선택한 사람이고, 앞으로 살아갈 날이 너무나 많다. 생각보다 사람은 쉽게 바뀌지 않는 것을 인정한다면, 싸울 일이 반으로 줄어들 것이다. ✳

상대를 바꾸려 말고
나를 바꾸자

**나를
바꿔야 하는
이유**

다른 것은 틀린 것이 아니다.

상대를 나에게 맞추려 말고

나를 상대에게 맞추려 하자.

나도 자신을 어찌하지 못할 때가 많은데,

무조건 상대에게 바꾸라고 한다면

불화만 생길 따름이다.

상대를 있는 그대로 바라보고 인정해 주자.

상대를 위해서도 나를 위해서도.

그러면 편해진다.

지인들에게서 결혼하고 내가 많이 바뀌었다는 소리를 자주 듣는다. 미혼 시절에는 까칠하다던가, 싸가지 없다던가, 철이 없다던가, 잘난 척한다는 이야기를 많이 들었다. 하지만 요즘은 나에게 얼굴이 편안해 보인다, 철이 들었다는 사람들이 많아졌다.

결혼하고 많이 바뀌기는 했다. 남편이 잘해 주기도 하고 시어머니가 육아를 많이 도와주시기 때문에 스트레스나 힘든 일이 별로 없다. 모두가 힘들어하는 육아 문제, 경제적인 문제, 생활 방식의 문제가 나에게는 그리 힘들지 않은 이유는 남편과 시어머니의 이해와 도움 덕분이다.

나도 경제 활동을 하고 있지만, 남편이 월급을 받아 오니 좀 더 편하게 경제 활동을 하고 있다. 결혼 전에도 경제적으로 어렵지는 않았지만, 막연한 불안함과 미래에 대한 두려움으로 칼날 위에 서 있는 듯한 느낌 속에서 살았던 것 같다. 무엇이 그토록 나를 불안하게 했는지 지금은 이해가 되지 않지만, 어찌 됐건 그땐 그렇게 불안한 나날을 보냈다.

남자가 가진 경제력이 나를 대변하는 성공 지표라 여길 만큼, 남자는 나의 거울 같은 존재였다. 어떤 간판을 가진 남자인가에 따라 나의 등급이 매겨진다고 생각했다. 그때는 그런 것들이 왜 그렇게 중요했는지 모르겠다.

예전의 나와 같이 불안해하는 젊은 친구들, 후배들을 종종 볼 수 있다. 때론 나보다 나이가 많은 사람이라 할지라도 아직까지 돈이나 명품, 비싼 차로 불안감을 해소하려고 하는 것만 같아서 참 안타깝다.

내가 변한 것은 확실하다. 무엇이 나를 변하게 했을까? 곰곰이 생각해 보니, 그것은 남편과 나의 다름을 인정한 결과이다.

결혼 초기, 나는 결혼의 개념을 남편과 한배를 타는 것으로 이해했다. 말 그대로 결혼했으니 한 몸이라 생각했다.

그런데 그것은 정말 말도 안 되는 생각이란 걸 깨달았다. 어찌 40년 넘게 각자 살아온 사람이 한 몸이 될 수 있단 말인가. 나는 하늘의 별이라도 따다 준다는 달콤한 말을 순진하게도 믿었지만, 같이 살면서 달라진 남편을 보며 분노하는 날이 많았다.

남편은 이성적인 사람이었고, 나는 감성적인 사람이었다. 남편은 여행을 가더라도 계획을 세우고 모든 코스를 예약해 놓았다. 나는 그렇지 않다. 여행의 묘미는 즉흥성이라 생각했고, 하루에 두세 번은 목적지가 바뀌었다. 예약을 했더라도 오늘 간 곳이 좋으면 하루 더

묵을 수도 있고, 날씨나 기분에 따라 얼마든지 다른 지역으로 목적지를 바꿀 수도 있다고 여겼다.

또한 나는 야행성이고, 남편은 새벽형 인간이다. 연애할 때는 퇴근 후에 데이트를 해야 했기 때문에 항상 밤에 만나서 불만이 없었다. 헤어지기 싫어 늦은 밤까지 데이트를 즐기곤 했는데, 결혼하고 집이 생긴 이후에는 일찍 자는 남편을 나는 이해할 수 없었다.

그런 날들이 지속되자, 연애 시절 웬만한 걸 맞춰 주던 남편도 나를 맞춰 주는 것에 점점 지쳐 가는 듯했다. 섭섭한 날이 계속되었고, 나는 그것을 사랑이 식었다고 해석했다. 참 많이 서러워 울고, 화나서 울고, 지쳐서 울었다. 그때 내 별명이 수도꼭지였다. 꼭지를 누르면 바로 눈물이 났다. 그런 나를 보면서 남편도 얼마나 힘들었을까. 아니, 이해 자체가 안 됐을 것이다.

살기 위해서인지, 시간이 지나 철이 들어서인지 남편이 아니라 '인간 김봉규'를 한 명의 사람으로 바라보기 시작했다. 처음으로 그 사람에 대해 진지하게 생각해 보았다. 있는 그대로의 모습을 보려고 노력하자 조금씩 좋은 모습이 보이기 시작했다. 지금까지는 나의 남자로만 보니 부족한 것, 바라는 것들만 있었던 것 같다.

그렇게 남편을 '내 것'이 아닌 '그 사람 그대로' 점차 바라보게 되었고, 그 전과는 많은 것이 다르게 보였다. 남편의 행동이 하나도 이상해 보이지 않았다.

그리고 나 또한 남편이 있는 그대로인 나를 바라봐 줄 때가 좋았다. 밀고 당기고, 신혼 초에 남편을 잡아야 한다는 둥, 남자는 여자 하기 나름이라는 둥의 말은 전혀 말이 안 되는 것은 아니지만, 남편을 있는 그대로 바라보면서 내가 남편에게 맞추는 것이 훨씬 낫다는 것을 깨닫게 되었다.

최근 노인 천 명이 말하는 인생의 지혜를 담은 책을 읽었는데, 이런 글귀가 있었다.

"남은 전혀 바뀌지 않는다. 젊은 시절 남을 바꾸기 위해 많은 노력을 한 것이 후회된다."

남은 절대로 바뀌지 않는다. 내가 바뀌는 것이 가장 빠른 길이다. 습관을 바꾸고 살을 빼려고 결심한 적이 있다. 하지만 쉽지 않았다. 나 스스로도 바뀌기 어려운데 어떻게 남을 바꿀 수가 있을까? 자기 자신도 못 하는 것을 어떻게 남에게 강요하여 바꿀 수가 있을까? 그것은 거의 불가능에 가깝다.

상대를 바꾸려 하기보다는 있는 그대로 인정해 주는 것이 훨씬 쉽고 빠른 해답이다. 상대에게 '나에게 맞춰 달라'고 요구하기보다는 상대방에 나를 맞추는 것이 현명한 처세일 것이다. 그것이 부부 사이의 배려가 아닐까?

내가 왜 바뀌었는지 구체적으로 표현하라면 어렵지만, 나도 모르게 자연스럽게 바뀌게 되었다. 나는 남편이 배려하는 모습을 보면서, 같이 살아가면서 조금씩 바뀌어 가고 있다. ✳

5
나만의
퀘렌시아

'퀘렌시아(Querencia)'란 스페인어로 '안식처'라는 뜻이다. 투우의 나라 스페인에는 투우장 한 편에 사람들의 눈에 띄지 않는 구역이 있다. 투우사와 싸우다 지친 소가 숨을 고르며 휴식을 취하는 곳, '퀘렌시아'이다. 넓은 의미로는 삶에 지친 사람들이 쉴 수 있는 자신만의 안식처를 말한다. 우리에게도 퀘렌시아가 절실하게 필요하다.

여행의 힘,
내려놓기

나만의 일과 가정을 모두 잘 해내기 위해서는

퀘렌시아 쉼이 필요하다.

문장에도 쉼표가 있고,

악보에도 쉼표가 있다.

쉼을 통해

살아갈 힘을 얻게 된다.

일과 결혼생활 속에서 방전되기 전에

나만의 퀘렌시아를 가져 보자.

'여행을 일상처럼, 일상을 여행처럼.'

어느 광고 글귀에서나 들어봄 직한 말이다. 나는 이 말을 참 좋아하는데, 나를 좀 아는 사람이라면 내가 이 말을 왜 좋아하는지, 이 말이 왜 나와 어울리는지 알 것이다.

평범한 일상이라는 단어 자체가 나와는 별로 어울리지 않는다. 여러 가지 일을 하고 있고 다양한 사람을 만나니 하루하루가 어찌 평범하겠는가. 아니, 어쩌면 평범한 일상 속에서도 여러 가지 의미 부여를 많이 하는지도 모르겠다.

오늘 아침에도 샤워하기 위해 스피커를 들고 욕실에 들어간다. 음악을 크게 틀어놓고 샤워를 한다. 그러면 왠지 여행 온 기분이 들고 머리가 맑아진다. 신나는 음악을 틀어놓고 샤워하며 춤을 춰본 적이 있는가. 왠지 영화 속에나 나올 법한 일이지만, 오늘도 비트 있는 음악을 틀어 놓고 거품을 잔뜩 만들어 내 몸을 흔들어 본다. 그렇게 샤워하고 나오면 기분이 정말 좋아진다. 기분이 좋아지면 여느 날과 같은 아침이지만, 나에겐 특별한 아침이 되어 버린다.

내 기억 속에 선명하게 기억되는 스물일곱, 어느 여름날 아침이 있다. 당시 서울에서 대학원에 다녔는데, 홍대 앞 상수동에 살았다.

로스팅 샵이 한창 유행할 때였고, 유독 커피를 좋아한 나는 학교 앞 구석구석을 다니며 커피를 마시며 다녔다. 커피 맛에 푹 빠져 전국으로 로스팅 잘하는 카페를 찾아다니며 사장님을 만나 커피에 관한 이야기를 나누는 커피 투어를 홀로 다녀온 적도 있다.

젊은 학생이 커피 로스팅에 관심을 가지며 먼 지방에서 왔다고 하니, 커피도 공짜로 주고 로스팅 과정에도 참여하게 해 주시기도 했다. 커피 투어를 다녀와서 홍대 앞 단골 커피집에서 오전 청소를 해 주며 커피를 얻어 마시는 일도 많았다.

그날도 커피 로스팅 과정을 구경하며 드립커피 한잔을 사장님과 함께 마시고 있었다. 마침 커피가 다 볶아지니 사장님이 로스팅이 잘되었다고 포장해 주셨다.

"미향 씨, 이거 내일 마셔 봐요, 숙성되면 진짜 맛있어요."

그때 나는 한참 만데링이나 과테말라 같은 제법 바디감 있는 커피를 좋아했다. 사장님이 전해 준 커피는 에티오피아 예가체프였다. 예가체프는 라이트한 커피에 속하기 때문에 잘 안 마셨지만, 사장님이 추천하니 받아서 집으로 돌아왔다.

샤워 후 카페 사장님에게서 받은 빈을 열고 드립으로 커피를 내려 마셨다.

'아, 뭐지? 진짜 맛있다.'

입 안에서 터지는 커피의 아로마 향과 적당한 밸런스, 옅은 흙 맛의 떼루아가 목으로 부드럽게 넘어갔다. 그날 그 커피 맛은 아직도 잊을 수가 없다.

커피 맛보다는 그날의 장면을 잊을 수가 없다는 말이 더 맞겠다. 그날의 커피 맛은 많은 노력이 필요한 커피 맛이었다. 새로운 장르의 커피였기에 기대하고 커피를 열었다. 그라인더에 입자를 좀 더 가늘게 세팅하여 커피를 갈고 드리퍼에 커피를 올려놓은 다음, 뜸들이기를 했다. 뜸을 들일 때도 특별히 코를 갖다 대고 킁킁 냄새를 맡아 보았다. 샤워 가운을 입고 머리에는 수건을 두른 채, 커피를 만들며 음악 볼륨을 더 올렸다.

더운 여름이어서 머리를 대충 말리고 커피를 완성한 다음, 내 방에 앉아 한 모금 마셨다. 여전히 내가 좋아하는 재즈가 나오고 있었고, 입 안에는 커피의 진한 향이 가득 고여 있었다. 그날 그 커피가 어찌나 맛있었는지, 눈이 번쩍 뜨였다.

완벽한 아침이었다. 그날 내가 서울에서 사는 것도, 홍대 앞 단골 가게 사장님이 특별히 커피를 준 것도, 아침 드립으로 맛있는 커피를 마시고 있는 내 모습도 너무 좋았다. 그날의 커피 맛까지 하나의 장면으로 나에게 지금도 기억되고 있다.

특별한 것 없는 평범한 아침이었지만, 그날 아침 예가체프의 맛은 10년이 지난 지금도 선명하게 기억한다. 유독 맛있었던 커피의 맛과 그날의 기분이 나의 기억 속에 이토록 오랫동안 자리 잡고 있는 이유가 분명히 있을 것이다.

아마도 내가 '전국 커피 투어'라는 콘셉트로 여행을 다녀온 지 얼마 지나지 않은 시점이어서 그랬던 것 같다. 커피 잡지에 소개된 로스팅 숍과 드립커피로 유명한 카페를 가는 여행이었다. 참고로 그때 가본 강릉의 '테라로사', 경주의 '슈만과 클라라', 상주의 '커피가게' 등은 지금 더 유명해졌다.

그렇게 나는 작더라도 콘셉트가 있는 여행을 추천한다. 코스를 정해 놓고 찍기 식의 여행은 가장 싫어하는 유형이다. 인터넷을 참고하긴 하지만, 추천 맛집보다는 나의 직관을 믿고 왠지 괜찮아 보이는 식당에 들어간다.

카페도 마찬가지다. 주로 여행지에서 방문하는 카페에서 책을 읽는데, 이제는 할 것이 하나 더 생겼다. 글을 쓰는 것이다. 나만의 여행에 관한 글도 써보고 싶다.

예전에는 음악 여행을 떠나본 적도 있다. 머릿속에 복잡한 일이 많을 때였는데, 그냥 정처 없이 떠나고 싶었다.

나에게는 특별히 음악 소울메이트가 있다. 나와 가장 친한 언니인데, 좋은 음악이 있으면 언제나 "향, 이거 한 번 들어봐." 하며 보내 준다. 그렇게 영향을 받아서인지 언니가 보내 주는 음악은 언제나 좋다. 여행을 떠나기 전날, 언니에게 특별히 부탁했다.

"언니, 나 요즘 좀 센티멘털해서 여행 갈 거야. 음악 좀 부탁해. 좀 센 걸로, 알지?"

이렇게 이야기하고 나면 언니에게서 음악 파일이 온다. 음악을 잔뜩 받은 날은 월급 받는 날만큼 기쁘고 즐겁다. 그렇게 설레는 마음으로 헤드폰을 쓰고 비행기에 올랐던 기억이 난다.

여행지에서도 주로 음악을 들으며 걷고 버스를 타고 이동했다. 그러다 적당한 곳에서 음악을 듣고 또 들었다. 새로운 음악과 내가 좋아하는 음악을 번갈아 가며 듣는데 정말 좋았다.

목적지는 그냥 풍경일 뿐이고, 음악을 듣는 것이 주된 여행의 목적이었다. 음악이 메인이고 장소는 서브이니, 음악 듣기 좋은 곳만 골라서 다니며 한참을 음악만 들었다. 나에게는 이런 것이 여행이니, 일상생활 속에서도 여행처럼 살기가 좋았다.

가끔은 매일 지나가는 길이지만 음악과 함께라면 다른 느낌일 때가 있다. 그리고 나의 옷차림이나 옆에 함께하는 사람에 따라서 다르게 느껴질 때도 있다.

창작 활동할 때 첫 번째로 훈련하는 것이 '낯설게 하기'라고 한다. 조금의 변화만 주어도 우리의 일상을 새롭게 만들 수 있다. 매일 자동차로 출근했다면 오늘은 버스를 타고 출근해 보거나, 집 앞 벤치에 앉아 지나가는 사람을 30분만 구경해 보는 것도 꽤 새롭고 재미있다.

생활을 벗어나 멀리 떠나는 것도 좋지만, 난 가끔 일상 속으로도 여행을 떠난다. 돈이 없어서, 시간이 없어서, 여행을 떠나지 못한다는 푸념만 늘어놓는 것보다 반복되는 생활에 작은 변화를 주어 낯선 일상 속으로 여행을 떠나 보는 게 어떨까. ✦

오직
나만의 시간
보내기

나만의　나만의 시간, 남편과의 시간,
균형 잡기

아이와의 시간, 다 함께하는 시간.

이 모든 시간이 나의 인생에 큰 의미가 있다.

모든 시간이 소중하지만,

나는 나만의 시간이

가장 소중하다.

내가 행복해야 가족이 행복할 수 있고,

내가 나를 사랑해야

모든 사람을 사랑할 수 있기 때문이다.

결혼하고 나면 나만의 시간을 내기가 꽤 어렵다. 예전에도 그랬겠지만 지금도 우리 사회는 여성에게 많은 것을 요구하고 있기 때문이다. 아이를 양육하는 것도, 집안일을 하는 것도, 요즘은 돈까지 벌어야 한다.

대부분 여성이 이렇게 아등바등 힘들게 살아가고 있다. 어찌 보면 결혼이라는 제도는 여성에게 너무나 큰 희생을 강요하고 있는지도 모른다. 시대가 아무리 좋아졌다고 하지만, 대부분 남성은 육아와 집안일을 도와주는 소극적인 역할만 한다. 적극적으로 주관하는 주체는 여자다.

그러다 보니 육체도 지치고 멘탈도 정상일 리가 없다. 나 하나 어찌 되는 것은 참을 수 있지만, 내 가정이 흔들리거나 내 아이가 피해를 입는 일은 참을 수 없다. 그렇기에 여성은 좀 더 엄격한 잣대로 자신을 채찍질하며 하루하루를 버티기 수준으로 살아가고 있다.

학원에서 학부모와 상담을 하다 보면 그중에는 눈물을 흘리는 분도 있고, 가슴을 치며 화병을 토로하시는 분, 정신과 상담을 받고 계시는 분도 꽤 많은 편이다.

왜 이렇게 많은 여성이 힘들어하며 살아가고 있을까? 여러 가지 이유가 있을 수 있겠으나, 대부분 학부모 아니 대부분의 현대인은 자신의 분수를 인정하지 않고 욕심이 과한 것이 그 이유라는 생각을 한다.

자식에 대한 욕심, 남편에 대한 욕심, 일에 대한 욕심, 대부분 지나치게 욕심을 부려서 그렇다고 볼 수 있다. 그런데 이들이 가장 욕심을 안 내는 부분은 자기 자신에 대한 것이다. 나는 이 대목에서 해답을 찾을 수 있다고 생각한다.

왜 자신에게는 욕심을 내지 않는 것일까? 내 삶이 건강해진다면 모든 것이 해결될 텐데 말이다. 어머니들은 자신은 어찌 되어도 좋으니, 남편 건강하게 돈 잘 벌고, 자식 공부만 잘하면 된다고 생각한다. 이런 현상은 자존감이 낮은 사람의 전형적인 패턴이라고 볼 수 있다. 자신의 부족함을 다른 사람을 대신하여 채우려고 하는 마음이다. 나는 이럴 때 항상 자기 자신부터 잘 챙겨 보고 돌보라고 이야기한다. 나에 대한 마음 챙김이다.

내가 나를 돌보지 않고 사랑하지 않으면 그 누구도 나를 사랑하지 않으며, 나 또한 누군가를 사랑할 마음조차 생기지 않는다. 대부분의 사람들이 그것을 사랑이라고 착각한다. 하지만 나 자신을 사랑하는 마음이 없는 사람이 자식이나 타인을 사랑한다는 것은 자신에 대한 욕심에 불과하다.

내가 채울 수 없는 것을 다른 대상을 통해 채우려 하고, 그들의 성공이 곧 자신의 성공이며, 그들의 실패가 곧 자신의 실패라고 생각한다. 자신이 끼어들 여지가 없는데도 말이다. 모든 정성과 혼신의 힘을 다해 그들에게 집중한다. 그러다 보니 어느새 자기 자신은 없어지고, 공허함이 더 커질 뿐이다.

자신보다 자녀에게만 집중하는 엄마를 둔 아이는 그런 엄마를 고마워하기는커녕 미워하거나 증오가 앞서는 경우도 많이 봤다. 과도한 학업 요구와 성공에 대한 기대가 버거워지기 때문이다. 그때부터 아이는 자신을 사랑하지도, 부모를 사랑하지도 않고, 무력감만 키우기 시작한다. 욕심으로 가득한 부모는 아이가 마음에 들 리가 없다. 계속되는 채근과 실망스러운 눈빛은 아이를 더욱 힘들게 만든다. 힘든 것은 부모의 마음도 마찬가지이다.

자식에게 올인하기보다는 자신을 먼저 챙기는 건강한 부모가 되어야 한다. 그래서 나는 학원에서도 아이들 교육보다는 부모 교육에 더욱 신경을 쓴다. 부모와의 관계가 좋아지고 편안해져야 아이도 심리적 안정감으로 공부도 잘하게 되기 때문이다. 나를 사랑하기 위해서는 먼저 내가 사랑받을 만한 멋진 사람이 되어야 한다. 자신이 편안해야 그것을 바라보는 사람도 편안해진다.

특히 결혼하고 나서는 '매력'이라는 단어는 장롱 속 깊이 넣어 두고 그냥 '엄마'라는 이름으로 살아가는 경우가 많다. 결혼한 이후 에도 매력적인 여성이 되어야 한다. 나는 내 자녀에게 엄마이기 전에 매력적인 멋진 여성으로 보이길 바란다.

"엄마, 오늘 좀 멋진데?"

"울 엄마는 다른 엄마랑 달라. 정말 멋있어."

나의 아들에게 가장 듣고 싶은 말이다. 그러려면 자신에 관해 연구해 볼 필요가 있는데, 대부분의 엄마들은 자신에 대한 고민을 좀 처럼 하지 않는다. 결혼하고 나면 더더욱 '나'라는 자아를 잃어버릴 때가 많다.

'나는 누구이며, 나는 어떤 사람인가? 나는 무엇을 할 때 가장 나다운가? 무엇을 싫어하며 무엇을 좋아하는가?'

이와 같은 질문에 답할 수 있는 사람은 많지 않다. 하지만 시간 을 투자하여 자신에 대해 진지하게 고민해야만 한다. 자신을 위한 시 간을 가져야만 한다.

나는 가끔 혼자 카페에 앉아 책을 읽는다. 그리고 혼자 바에 앉 아 술을 마시기도 한다. 가족과 함께하는 것이 즐겁기는 하나, 혼자만의 시간도 필요하다. 때로는 아이를 빼고 남편과의 데이트를 즐기기도 하고, 남편을 빼고 아이와 함께 종일 시간을 보내기도 한다. 이모든 시간이 나에겐 너무나 소중하고 즐거운 시간이다.

남편은 가족은 꼭 함께해야 한다는 입장이지만, 내 생각은 다르다. 그래서 이번 겨울에는 남편이 좋아하는 스키 시즌권도 남편과 아들 것만 끊어 주었다. 기꺼이 나를 뺀 남편과 아들만의 소중한 시간을 준 것이다. 그 시간 동안 나는 또 나만의 시간을 가질 예정이다.

올겨울에는 그림을 다시 그려 볼 예정이지만, 글쓰기에 집중할 수도 있고 운동에 집중하는 시간을 가질 수도 있다. 나는 그렇게 나만의 균형을 잡아간다.

나만의 시간, 남편과의 시간, 아이와의 시간, 다 함께하는 시간, 이 모든 시간이 나의 인생에 큰 의미가 있다. 모든 시간이 소중하지만, 나는 나만의 시간이 가장 소중하다고 생각한다. 내가 행복해야 가족이 행복할 수 있고, 내가 나를 사랑해야 모든 사람을 사랑할 수 있기 때문이다. ✦

행복한
이기주의자

마음속
여유의 공간

사람들은 묵묵히 내 갈 길만 열심히 가면 된다고 말한다.

무엇 때문인지도,

어디로 가는지도 모르고 직진하라고만 한다.

그러나 고속도로에도 휴게소가 있다.

무작정 직진만 할 게 아니라 여유를 가지자.

자신이 먼저 여유를 가져야

가족을 여유롭게 만들 수 있다.

마음속 퀘렌시아, 그것이 여유의 공간이다.

"너는 이기주의자야."

나를 아는 사람들이 한 번씩 툭툭 던지는 뼈 있는 농담이다. 그렇다. 나라는 사람은 어떤 면에서 이기적이라 할 수 있다. 그런데 이기주의가 그렇게 나쁜가?

혼자만 잘 살겠다고 아등바등하는 사람을 보고 흔히 '이기적'이라는 말을 많이 한다. 예전에는 이 단어가 '자기밖에 모르는 사람'을 일컫는 말로 쓰였다. 하지만 요즘은 '자기 것을 잘 챙긴다'는 뜻으로도 많이 쓰인다. 예전에는 '개인주의'라는 단어로 표현했던 의미의 일정 부분이 현대에는 '이기주의'라는 의미로 쓰이는 것이다.

'개인주의'란 개인의 가치를 존중하는 사고방식으로, 이기주의와는 비슷하면서도 차이가 있다. 그전까지는 이기주의가 자신만을 최고로 여기는 의미로 사용되었다면, 요즘은 점차 자신을 먼저 관리한다는 말로 사용되고 있다.

이기주의의 반대말은 '이타주의'이다. 남을 자신보다 먼저 생각한다는 뜻의 이 말이 오히려 오늘날에는 다소 부정적인 의미로 사용되기도 한다. 그 저변에는 '자기 자신도 못 챙기면서 남을 챙긴다'는 의미가 깔려 있다.

남을 생각하는 마음도 중요하다. 하지만 그것은 자신을 먼저 챙기고 난 후의 일이다. 자신을 잘 관리하지도 못하면서 남을 챙긴다는 것은 어불성설이다.

자신의 그릇이 차고 넘쳐야 그 물이 다른 곳으로 흘러갈 수 있다. 자기 가족은 돈이 없어 궁색하게 사는데, 이타주의를 실천하겠다며 남에게 선심을 쓰는 것은 다른 관점에서 보면 이것은 자기 과시이며 허세에 불과하다.

사람은 자신이 가지지 못한 것을 남에게 줄 수 없다. 자신을 사랑하지 못하면서 어떻게 남을 사랑할 수 있겠는가? 그렇기에 우리는 무엇보다 자신을 먼저 사랑할 줄 알아야 한다. 자신을 먼저 사랑하는 것이 요즘 흔히 말하는 '이기주의의 긍정적인 측면'이라고 할 수 있다.

중국의 현대 작가 미멍은 『나는 합리적 이기주의가 좋다』에서 이렇게 말한 적이 있다.

"돈 있는 사람이 부러우면 돈을 벌고, 예쁘고 멋진 사람이 좋다면 스스로 아름다운 인물이 되어라."

먼저 자신을 가꾸라는 말이며, 스스로 경쟁력 있는 사람이 되도록 노력해야 한다는 말이다. 자신을 먼저 챙기는 이기주의가 남을 먼저 챙기는 이타주의와 대비되는 지점이다.

미국의 심리학자 웨인 다이어는 『행복한 이기주의자』라는 저서에서 다음과 같이 말한다.

"현재의 한순간 한순간을 최대한 알차게 살라. 그러면 우리는 행복한 이기주의자가 될 수 있다. 원하는 것은 무엇이든 할 수 있다. 이유는 오직 하나, 내가 원하기 때문이다."

이기주의자는 다른 사람의 눈치를 보지 않고 오로지 자신이 옳다고 생각하고 원하는 것을 추구한다. 그것이 자신을 챙기는 일임을 알기 때문이며, 그럴 때 행복해진다.

자신을 사랑하지 못하면 남도 사랑하지 못한다고 했다. 행복도 마찬가지다. 자신이 행복하지 않은데 어찌 가족이나 다른 사람을 행복하게 해 줄 것인가.

그런 측면에서 본다면 나는 이기주의자임이 분명하다. 남들은 한 군데 다니기도 힘들다는 대학원을 두 곳이나 다녀서 석사 학위 두 개를 취득하였다. 그리고 거기서 그치지 않고, 지금 세 번째 대학원인 의학전문대학원에서 미술 치료를 공부하고 있다.

이것은 남이 시켜서 하는 것이 아니라 어디까지나 내가 하고 싶어서 하는 것이다. 내가 먼저 채워져야 다른 사람에게 나누고 배풀 수 있다.

　나를 채우기 위해 끊임없이 공부하고 있다. 자녀를 아낀다면 물고기를 주지 말고 물고기 잡는 방법을 가르쳐 주라는『탈무드』의 교훈이 있다. 돈으로 주는 것은 물고기를 주는 것이다. 나는 내 가족과 사회가 지금보다 나은 모습으로 바뀌어 가는 데 보탬이 되고 싶다. 그것이 물고기를 주는 일보다 더 가치 있는 일이며, 그렇게 하기 위해 난 이기주의자로 살아가는 것이다.

　"나는 행복한 이기주의자이다." ✦

아름다운
노년의 삶
준비

최고의 나는 돈을 모으기 위한 투자보다는
투자

나 자신에게 투자하여 미래를 준비하는 편이다.

돈은 있다가도 없는 것이고,

물건 역시 그 가치가 떨어지기 쉽다.

그러나 자기 자신에게 투자해 놓으면

그 가치는 쌓이고 쌓여 나를 발전시킨다.

모두 노년의 준비를 나름대로는 하고 있을 것이다. 노년을 생각해 돈을 절약하며 적금을 들고 있는 사람, 재테크하고 있는 사람, 자격증을 준비하고 있는 사람 등 다가올 미래에 대해 준비하는 모습들은 제각기 다양하다. 얼마를 저축해 두어야 잘 살 수 있을까? 무엇을 준비해야 잘 살 수 있을 것인가?

정답은 없겠지만 녹록지 않은 현실에서 미래까지 준비해야만 하는 현실은 우리 모두를 불안하게 만든다. 자본주의 사회에서 언제 죽을지도 모르는 미래를 위해 돈을 비축해 놓는다는 것이 현실적으로 가능이나 한 일일까?

곰곰이 생각해 보면 우리가 미래를 대비할 수 있는 시간은 불과 20~30년도 되지 않는다. 사회 초년생일 때에는 월급도 얼마 되지 않아, 실질적으로 돈을 벌어 저축할 수 있는 시기는 20년 정도밖에 되지 않는다고 볼 수 있다.

결국 우리는 20년 동안 돈을 벌어 30~40년 동안 돈을 벌지 않고도 살아갈 준비를 하는 셈이다. 이것은 애당초 말이 안 되는 이야기이다.

말이 안 되지만 이것은 엄연한 현실이기에 이 시대를 살아가는 우리는 지금도 재테크니, 보험이니, 주식이니 별별 돈 되는 곳을 기

웃거리며 살고 있다. 정말이지 미래를 생각하면 걱정이 앞서서, 지금 아무것도 할 수 없을 정도이다.

세월을 피해 갈 수 있는 사람은 없다. 돈이 없어 불행하게 사는 노인들보다 종일 할 일이 없어 우울감과 무력감에 힘들어하는 노인들이 훨씬 많다. 젊은 시절 돈 번다고 자식과 시간을 함께하지 못해 관계가 멀어진 어르신들, 만날 친구도 없이 종일 텔레비전만 보고 있는 할아버지, 할머니가 많다.

이런 어른들을 보면 참 안타깝다. 우리 아버지만 봐도 하루 시간 대부분을 텔레비전만 보시다가, 주말에는 교회에 가시고, 자식들 연락만 기다리고 계신다.

그 기다림의 시간이 길수록 아버지는 삐치거나 화를 내신다. 나는 그런 아버지를 보며 취미 활동을 가져 보라고 권하지만, 평생 일만 하고 살던 아버지는 이렇다 할 취미 활동도 가지지 못하셨다.

그런 아버지를 비롯한 노인들을 보며 저렇게 사는 삶이 행복할까 하는 의문이 든다. 은퇴한 후 정말 시간이 많아지면 인간은 근원적으로 무엇을 해야 행복할 수 있으며 무엇을 하며 시간을 보내야 한단 말인가. 돈이 없는 것보다 시간 대부분을 무엇을 하며 보낼까 하는 두려움이 더 큰 것 같다.

노인이 되면 일을 하고 싶어도 못 하는 경우가 많다. 60대였던 10년 전까지만 해도 아버지는 무슨 일이라도 하고 싶어 하셨지만, 아쉽게도 아버지를 받아 주는 곳은 없었다. 항상 심심하고 무료하다고 하시는 아버지를 보며 '나는 노년에 뭐 하며 하루를 보낼 수 있을까?' 하는 생각이 들었다.

나는 나이가 들어도 일을 해야 한다고 생각한다. 앞에서 이야기했듯이 윤 작가님의 어머니는 고령에도 여전히 시장에서 직접 키운 콩나물을 파신다.

또 내가 어머님처럼 모시는 선생님 한 분이 계시는데, 일흔에 미술계에 등단하셨다. 원래 천으로 옷을 직접 디자인하여 만드시는 분인데, 그 예술적 감각을 캠퍼스에 옮겨 놓으셨다. 미술 대전에서 수상도 하시고 개인전도 여시면서 지금도 대부분의 시간을 작품 제작으로 보내신다.

이렇듯 젊은 시절 돈을 벌 수 있는 시간은 짧다. 그 짧은 시절 동안 노년을 대비하는 돈을 다 모아 놓는다는 생각으로 아등바등 사는 것보다 '노년에 어떻게 살 것인가'를 먼저 고민하는 것이 맞다고 생각한다. 늙어 죽을 때까지 아무 걱정 없이 살 정도로 돈이 많아도

정작 함께할 사람이 없고 할 것이 없어 시름시름 앓다 병들어 병원
신세를 지는 사람이 훨씬 더 많으니 말이다.

　나도 나름대로 노년을 준비하고 있다. 바로 돈을 많이 벌어 모
으는 것이 아니라 지금부터 돈 안 쓰는 연습을 하는 것이다. 아니, 정
확하게 이야기하자면 돈을 써서 행복감을 느끼는 것보다 돈을 쓰지
않고도 행복할 수 있는 연습을 한다.

　뒤에 이야기하겠지만, 최소한의 돈으로 살아보는 것이다. 진짜
돈이 없어 그렇게 살면 궁색 맞고 비참할 수도 있다. 하지만 개념을
잡고 한 행동에는 비참한 생각이 들지 않는다. 그러다 보니 게임처럼
돈을 하나도 안 쓰는 날에는 승리의 기쁨으로 느껴질 때도 있다.

　주말도 마찬가지이다. 돈을 쓰지 않고도 재미있을 만한 것을 찾
아볼 수 있다. 나는 아이와 함께 도서관에 자주 간다. 집에서 간단한
먹거리를 챙겨서 가면 종일 그곳에서 놀 수 있다. 여름에 시원하고
겨울에는 따뜻하다. 수많은 책과 공원도 있고 놀이터도 있다.

　가끔은 등산이나 공원 트래킹을 하기도 한다. 집에서 밥을 먹
고 출발하거나 간단한 도시락, 음료나 간식을 싸서 가면 돈을 쓰지
않아도 된다. 나의 건강과 아이의 건강에도 좋다.

돈을 쓰지 않아도 되면 '대부분의 시간을 어떻게 보낼 것인가'가 문제인데, 이 또한 지금부터 연습해야 노년의 시간을 행복하게 보낼 수 있다. 은퇴하고 나서 시간이 많아진 다음에 하면 늦다. 그때 새로운 취미 활동을 시작하면 감각적으로 떨어져 실패할 확률이 높기 때문이다.

아무리 하고 싶었던 것이라도 젊은 시절 잘 배워 두었다가 그 시기가 되면 어느 정도 잘해야 재미를 느낄 수 있다. 어느 것이든 처음 배울 때는 재미가 없고, 어느 정도 힘든 시기를 반드시 거쳐야 한다.

미술만 해도 마찬가지이다. 어느 정도의 숙련이 되어야 작품 활동을 할 수 있다. 막연하게 '은퇴한 후에 배워 보지, 뭐.'라고 생각하면 그때가 되어도 막상 용기가 나지 않는다. 그래서 젊은 시절 이것저것 해보는 것이 중요하다.

글쓰기도 마찬가지이다. 나는 책 쓰기 컨설팅 사업을 하고 있는데, 대부분의 사람은 "예순 넘어서 한번 해보려고요, 은퇴하고 시간 많을 때 책 한 권 쓰고 싶어요."라는 이야기를 많이 한다. 시간이 많아서 좋은 글을 쓰는 사람이나 은퇴하고 난 후 글 쓰는 사람을 아직 한 번도 보지 못했다. 젊은 시절 치열하게 글을 쓰고 연습해 온 사람만이 글로 삶을 표현할 수 있다.

그래서 나는 지금도 새벽에 글을 쓰고 있다. 미술 전공이라 나이가 들면 그림을 그려야겠다고만 생각했는데, 뒤늦게 배운 글쓰기가 꽤 재미가 있다. 미술보다 글 쓰는 시간이 더 즐겁다고 느껴질 정도이다.

미술은 여러 가지 재료가 필요하고 넓은 공간도 필요하지만, 글쓰기는 간단한 메모장이나 노트북만 있으면 된다. 그러니 노년이 되어서 취미로 정말 좋은 활동이 아닐까 싶다.

마지막으로 경제 활동이다. 각자 지금의 삶에서 어쩔 수 없는 것은 있겠지만, 일이라는 것은 아무리 하고 싶어도 그만두어야 하는 시점이 있다. 대기업이 가장 대표적이다. 법적으로 일정한 나이가 되면 퇴직을 하고 나와야 한다.

예전에야 그쯤 되면 그만두고 쉬어야 한다는 말이 어울렸지만, 지금은 정년퇴임을 해도 너무나 젊은 나이다. 남편만 해도 대기업에 다니고 있지만, 아들이 대학 가기도 전에 퇴직한다. 어쩔 수 없이 인생 이모작을 준비해야 한다.

지금 내가 하는 일도 정년이라는 것은 없지만, 그 나이에 어울리는 일이 있다. 나는 카페와 학원을 운영하고 있는데, 학원에서도 카페에서도 이것이 적용된다.

요즘 아이들은 젊은 선생님을 좋아한다. 학부모도 젊고 패기 넘치는 선생님을 좋아한다. 물론 경력이 있는 노련한 선생님을 좋아하는 학부모도 있지만, 부모는 자식을 못 이기는 법! 아이들은 나이든 선생님은 꼰대라며 싫어한다. 그러다 보니 정년 아닌 정년이 이 업종에도 적용된다.

카페도 마찬가지다. 젊은 아르바이트생이 만들어주는 커피가 더 맛있게 느껴진다. 커피는 음식처럼 맛으로 먹는다기보다는 분위기를 먹기 때문일 것이다. 이렇듯 내가 하는 일도 안전지대가 아니다 보니, 나이 들어서도 할 수 있는 일을 찾는 중이다.

그래서 찾은 일이 상담 관련 직종이다. 나는 일찌감치 학원 원장 직함으로 일을 해서, 수업보다 학생이나 학부모 상담을 더 오래 해왔다. 그러면서 상담 관련 수업이나 책을 많이 읽은 것을 토대로 미래를 위한 또 다른 일에 도전하고 있다.

나이가 들어도 편하게 할 수 있는 일, 정년이 없고 나이 들어서 하면 할수록 더 질 높은 일을 찾다 보니 상담 일이 눈에 들어왔다. 젊은 사람이 상담하는 것보다 나이가 든 사람이 상담해 주면 왠지 마음이 편해지기 때문이다.

나는 학원 일을 하면서 상담과 관련된 민간 자격증을 두세 개 정도는 따 놓았다. 그리고 사이버 대학에서 상담 관련 학부 과정도 이미 이수해 놓은 상태다. 그래도 전문적으로 일하려면 이 정도 가지고는 부족하다는 생각이 들어 차의과대학원 미술 치료학과에 정식으로 입학했다.

새로운 도전이다. 박사 과정까지 생각해 5년을 계획한 50대 이후의 삶에 대한 준비이다. 5년을 준비하여 나머지 50년을 즐겁게 살 수 있다면 꽤 괜찮은 투자 아닌가.

나는 돈을 모으는 투자보다는 이렇게 나에게 투자하여 미래를 준비하는 편이다. 돈은 있다가도 없어지고, 물건은 그 가치가 떨어지기 쉽다. 그러나 나에게 투자해 놓으면 그 가치는 쌓이고 쌓여 다시 업그레이드된다.

무엇이든 도전하여 내 안에 담아 놓기만 하면 된다. 나에게 투자하는 것이 좋은 이유는 설령 실패했다 하더라도 소중한 자산으로 작용한다는 것이다. 대부분의 투자는 실패하면 끝이다. 인생에 종잡을 수 없이 철저한 패배를 맛보지만, 나에게 투자하여 성공하면 대박의 경험이며, 실패해도 그 실패를 통해 소중한 공부를 하게 되니 두 마리 토끼를 동시에 잡는 것이다.

이렇게 나는 20대에 홍익대학교에서 교원자격증을 취득해

30~40대에 학원을 운영하여 돈을 벌고 있고, 현재 40대에는 차의과 대학원에서 미술 치료사 전문과정을 공부하고 있다. 좀 더 나이가 들어 머리가 하얗게 세었을 때쯤 많은 내담자를 만나 상담을 하며 희망을 주고 직접 현장에서, 부부 상담이나, 노인 상담을 하고 있을 것이다. 그런 나를 생각하니 벌써 설레고, 미래에 대한 두려움 따위는 사라진 지 오래다.

마흔을 넘긴 나이에 울산과 서울을 오가며 공부하는 일이 결코 만만하지는 않지만, 아직 힘도 있고 돈도 있다. 20대에 억지로 공부하는 것과는 다르게 간절히 원하는 공부인 만큼, 수업 시간 내내 즐거운 마음과 감사한 마음뿐이다.

나는 오늘도 이렇게 나에게 투자하며 미래를 준비 중이다. 명품 가방을 사고 싶은 마음, 해외여행을 가고 싶은 마음, 아들을 사립학교에 보내고 싶은 마음이 굴뚝같지만, 나는 오늘도 행복한 노년을 위해 열심히 준비하고 있다. ✦

혼자만의 시간,
와인 한잔

술잔에 핀 와인은 술잔에 핀 시(詩)다.
시를
마시며 와인은 시의 잔에 핀

붉은 장미 꽃봉오리다.

와인을 마시는 것은

가슴에 장미 한 송이 피우는 일이며,

가슴에 시를 피우는 일이다.

와인을 마시면

시의 방울이 혀를 어루만지며

목젖을 타고 내려와 가슴에 고여 꽃이 된다.

극작가로 유명한 조지 버나드 쇼는 이렇게 말했다.

"술은 우리가 삶의 움직임을 이겨 내게 하는 마취제이다."

하루가 힘들었을 때, 간단한 술을 저녁과 함께 곁들이면 숙면과 함께 그 하루를 이겨 낼 수 있는 동기 부여가 될 수 있다. 고단한 하루를 마감하며 나의 공간에서 마시는 와인 한잔은 긴장되었던 내 몸을 이완시켜 주며 편안한 마음이 들게 한다.

와인은 사람 입을 매료시키는 매력이 있다. 거기에 음악이나 조명까지 추가되면, 매료를 넘어 황홀하기까지 하다. 수백 가지의 와인 종류가 있어 그 맛은 죽을 때까지 다 알진 못할 텐데, 그날의 기분이나 분위기, 날씨와 온도, 함께하는 사람에 따라 와인 맛은 또 달라진다. 게다가 같은 와인이라도 시간의 흐름에 따라 그 맛이 또 달라지니, 누군가가 '와인을 다 안다'고 한다면 아마도 거짓말일 것이다.

나는 와인을 좋아할 뿐 맛은 잘 모른다. 아니, 와인의 맛을 좋아할 뿐 와인에 대해 자세히 모른다고 말하는 것이 더 맞을 것 같다. 사람들은 와인이 종류가 많고 상식을 숙지하고 마셔야 한다고 생각해 어렵다고들 한다. 그것은 와인에 대한 편견이다. 소주나 맥주를 공부하고 먹지 않듯이, 와인도 공부할 필요가 없다. 더 맛있게 먹는 데 필요한 몇 가지 상식만 있을 뿐, 결코 많이 알 필요도 없고 많이 먹어

볼 필요도 없다.

서양에서 온 문화이다 보니 와인 마실 때 매너를 권장하는 것이고, 잔의 종류나 와인별 추천하는 안주가 있을 뿐이다. 꼭 그렇게 해야 하는 것은 아무것도 없다.

와인에 대해 좀 더 알고 싶은 사람은 와인 인문서 한두 권이나 만화책『신의 물방울』을 읽어볼 것을 추천한다. 그러면 어디 가서 와인에 관해 함께 이야기할 수 있는 수준은 될 것이다.

『신의 물방울』은 아기 타다시가 스토리를 쓰고, 오키모토 슈가 그림을 그린 일본의 베스트셀러이다. 이 책은 와인 종류와 특징, 생산지부터 와인 고르는 법, 라벨 읽는 법까지 기본 상식을 친절하게 설명해 주고 있다. 알고 하지 않는 것과 몰라서 못 하는 것에는 차이가 있으니, 가볍게 읽어 보되 깊이 알 필요는 없다.

나는 와인 바를 운영해 본 경험이 있고, 와인 마시며 글 쓰는 모임도 운영해 본 경험이 있다. 하지만 책에 적힌 내용을 그대로 지키진 않는다. 물 컵이나 막걸리 잔에 와인을 마시고 김치나 닭발을 안주로 즐겨 와인을 마시기도 한다.

특히 요즘은 과메기에 레드와인을 마시는데 그 맛이 일품이다. 최근 와인이 대중화되면서 그런 격식이 더욱더 없어진 것 같아 너무나 반갑다. 와인 테이크아웃 매장도 생겨나서 와인 잔술도 많이 팔고 있으니 말이다.

　그렇게 꽤 진심으로 와인을 좋아하고 열심히 마셨던 것 같다. 나에게 와인은 더는 술이 아니라 함께 생활하는 힐링 도구인 것 같다. 힘든 시간 나와 함께했으니 그럴 만도 하다.

　우리는 지금 힘든 세상에 살고 있다. 자본의 위협과 협박, 복잡한 인간관계, 닥쳐올 미래에 대한 두려움, 불안한 마음과 지친 육신을 어찌할 바를 몰라서 그냥 자신에 대해 모른 척하고 살아가는 경우가 많다.

　누구나 심한 우울감이나 무력감을 느껴봤을 것이다. 그런 감정으로 인해 매일 정신과 상담을 받거나 약물치료를 받으며 살 수는 없다. 스스로 위로하고 스스로 처리할 수 있어야 하는데, 사람들은 그 방법을 모른다. 그리고 그 방법은 사람마다 다를 것이다.

　자기가 좋아하는 위로가 되는 긍정적인 사인을 주는 도구들, 즉 장치가 필요하다. 어떤 사람은 책을 읽으며 위로받을 수도 있고, 어떤 사람은 요리하면서 무한한 즐거움을 느끼기도 할 것이다. 또 어떤 사람은 산책하면서 사색을 즐기기도 하고, 친구와의 수다로 스트레스를 푸는 사람도 있다. 이렇듯 사람마다 각자의 방식으로 스스로 위로하고 위로받는다.

나에게 가장 좋은 힐링 도구는 혼자 마시는 와인이다. 거기에 더 좋은 것을 추가하면 따뜻한 목욕물이다. 마무리는 좋은 냄새가 나는 로션을 몸에 바르고 잠옷을 입고 침실로 가는 것이지만 말이다.

내가 좋아하는 음악을 준비하고 목욕물과 함께 와인을 들고 욕실로 간다. 세상에서 가장 행복하고 편안한 시간이다.

요즘에는 욕조가 없는 아파트가 많은데, 다행히 우리 집에는 욕조가 있다. 욕실에서의 시간은 누구도 방해할 수 없는 나만의 시간이다. 물속에서 나는 이루 말할 수 없을 정도로 기분이 상쾌하고 좋아진 나를 발견한다.

리드미컬한 음악과 입안의 와인이 주는 즐거움은 세상을 잠시 멈추게 한다. 비록 작은 공간이지만, 그 공간 속에서 시간이 멈추고 나는 다른 세상으로 이동한다. 그 세상 속에서 나는 입속에 묵직한 와인을 한 모금 넣어 본다. 눈을 감고 취기가 느껴지면, 다른 세상에서 한층 더 편안해진다.

아무 생각도 하지 않아도 되는 시간, 아무것도 하지 않아도 되는 시간, 의식적이지 않아도 되는 시간, 가장 나다우면서도 나답지 않아도 되는 시간이다. 누군가 이야기했다. 술은 악마가 준 최고의 선물이라고.

술을 가까이하면 위험하다는 이야기를 많이들 한다. 하지만 술을 절제하며 삶 속에 윤활유로 활용한다면 삶을 훨씬 더 풍요롭게 즐길 수 있다고 생각한다.

독일의 유명한 철학자 임마누엘 칸트는 언제나 필요한 주량만 마시며 술을 즐겼다고 한다. 죽을 때도 "술을 더 드릴까요?"라는 의사와 간호사의 말을 거부하며, 죽기 직전까지도 마시던 주량을 지켰다는 일화가 있다.

위대한 철학자라는 명성에 걸맞게 칸트의 삶에서 우리가 의미 있게 곱씹어 봐야 할 대목이 아닐까 생각한다. 술은 우리에게 즐거움을 주기도 하지만, 우리의 모든 것을 한순간에 집어삼킬 정도로 위험한 요소도 가지고 있음을 명심해야 한다.

칸트는 술에 대해 이런 말을 남겼다.

"술은 입을 경쾌하게 한다. 그리고 마음을 털어놓게 한다. 술은 하나의 도덕적 성질, 마음의 솔직함을 운반하는 물질이다."

나에게 와인은 단순한 술이 아니다. 나의 지친 마음을 위로해 주고 알아주는 연결 통로이다.

꼭 와인이 아니어도 좋다. 하루를 마감할 때 지친 나를 알아봐 주고 스스로 위로받을 수 있는 셀프 긍정 장치가 누구에게나 반드시 필요하다.

○

다시 목욕물을 받아야 할 시간이다.

묵직한 와인 한 모금과 함께. ✦

읽고,
쓰고,
그리고

책 읽기와 글쓰기 인생을 운전에 비유하자면

독서와 글쓰기는 운전대를 잡는 것과 같다.

운전을 할 줄 알고 운전석에 앉는 것과

운전할 줄 모르고 운전석에 앉는 것과는

천양지차(天壤之差)이다.

그만큼 독서와 글쓰기는

자신이 가고자 하는 목표를

더욱더 쉽고 빠르게 갈 수 있게 만들어 준다.

20대를 서울에서 보냈다. 울산 촌뜨기 20대 여자아이에게는 뉴욕보다 서울이 더 큰 도시처럼 느껴졌다. 바람이 찬 겨울이었다. 울산과는 차원이 다른 칼바람을 맞으며, 나는 꼭 성공하리라 결심하고 나의 생활지를 울산에서 서울로 옮겼다. 누구보다 멋지게 성공한 삶을 살고 싶었다.

성공한 30대 커리어우먼이 되어 있을 나의 모습과 한 분야에 최고 전문가가 되어 있을 40대의 모습을 상상했다. 생각만 해도 가슴이 벅차올랐다. 그렇게 기대하고 고대했던 서울이라는 도시에 내가 두 발 딛고 서 있다는 사실만으로 신기하고 경이로울 따름이었다.

보수적인 우리 부모님과 함께 살다가 서울로 생활권을 옮길 수 있었던 것은 당당히 서울에 있는 대학원에 합격했기에 가능한 일이었다. 합격통지서를 가슴에 품고 홍대 앞 작은 원룸에서 맞은 첫날밤을 잊을 수가 없다.

미래에 대한 기대와 설렘만으로도 그날 밤은 충분히 행복했다. 막연한 앞날에 대해 두려움이 없었던 것은 아니었지만, 꼭 성공하고 싶었고 할 수 있을 거라고 믿어 의심치 않았다.

그러나 서울에서의 대학원 생활은 만만한 것이 아니었다. 공부에 별 취미가 없었던 나는 이론만 공부하는 학과와는 맞지 않았다.

아니, 솔직히 너무 어려웠다. 문화 마케팅과 예술 기획이라는 분야는 당시만 해도 생소한 학문이었다. 나는 학부에서 미술을 전공해서 실기에 익숙했다. 그런데 대학원 공부는 실기 위주가 아니라 모든 것을 이론과 개념으로 정리해야 했고, 모든 수업은 그룹별 발표가 대부분이었다. 경상도의 억센 사투리도 고치지 못하여 서울 사람과 대화하는 것에 왠지 주눅이 들기도 했다.

울산에서는 그래도 나름대로 당당하게 살았는데, 새로운 환경에 부닥치니 자신감도 떨어졌다. 어떤 수업은 어려운 원서로 진행되어서 내용을 제대로 알아듣기조차 힘들었다. 수업을 듣고 시험 치기만도 빠듯했다.

게다가 나의 성향은 한 가지에만 전념하는 스타일이 아니었다. 고향을 떠나 서울에서 생활하면서 다양한 경험을 하고 싶었다. 공연에 관심이 많아 인턴십으로 극단에 들어가서 공연 분야의 기획 일을 배우기도 했고, 학비를 벌기 위해서 학부 과정의 조교로도 일했다.

아는 것도 할 수 있는 것도 없었던 나에게는 모든 것이 어렵고 힘들었다. 지하철 타는 것도 잘 몰라서 탑승하기 전에 노선표를 공부하고 탔던 시골 촌뜨기였다. 그런 내가 우리나라의 최고 중심부인 서울 강남과 강북을 종횡무진 뛰어다니며, 24시간도 모자라게 움직였으니 힘들 만도 했다.

처음 서울 왔을 때의 포부는 점점 작아졌고, 현실에 부닥치면서 자신감마저 잃고 있었다. 현실은 생각보다 잔인했다. 나는 생각보다 할 줄 아는 것이 없었다. 부끄럽기도 하고 용기도 없었던 나는 자꾸 위축되어 불안하기 시작했다. 직감적으로 뭔가 달라져야 했고 바뀌어야 한다고 느꼈다.

딱히 나의 고민을 말할 곳도, 친구도, 선생님도 없었기에 무작정 책을 읽기 시작했다. 책은 나에게 고마운 친구이자 좋은 선생님이 되어 주었다. 난생처음 책이 이렇게 재미있다는 것을 알게 되었다. 책 덕분에 의기소침했던 나는 새로운 활력을 얻었다. 시간이 날 때마다 카페에서 닥치는 대로 책을 읽었다. 어떤 땐 너무 빨리 읽고 싶어 카페까지 뛰어간 적도 있었다.

책을 읽으면 저자와 친해진 것 같다는 생각이 들어 정말 기분이 좋아졌다. 나의 고민도 들어주고, 내가 나갈 방향도 제시해 주었다. 책에 푹 빠져 장르 구분 없이 많은 책을 읽었는데, 특히 성공하고 싶다는 생각에 자기 계발서를 참 많이 읽었다.

그때 시작된 나의 독서는 지금까지 이어지고 있다. 지금도 해결이 안 되는 문제가 있거나, 어떻게 해야 할지 길이 보이지 않거나,

괴로운 일이 있으면 어김없이 책을 집어 든다. 책을 읽으며 내 마음을 들여다본다. 그러면 책 속의 저자는 나에게 친절하게 정답을 이야기해 주거나 길을 알려 준다. 그들의 가르침과 속삭임이 이루 말할 수 없이 고맙다.

요즘은 자기 계발서보다는 철학책이나 고전류의 책을 많이 읽고 있다. 자기 계발서는 저자와 내가 동시대를 함께 살아가기에 내가 가고자 하는 방향을 제시해 주며, 함께 길을 걸어가는 동반자 같은 느낌이다.

이에 비해 고전은 수백 년 전, 수천 년 전에 살았던 현인들과 대화하며 시대의 초월성과 시간의 무한성을 느끼게 해 준다. 실로 숙연해지면서 감동을 받는다.

그런 나에게 최근에 달라진 점이 있다. 이렇게 글을 쓰고 있다는 것이다. 나는 생각을 그림으로 표현한 적은 많지만, 글로 표현한 적은 드물었다. 대학 시절 그림을 통해 나의 내면을 작품으로 표현하며 참 매력적인 작업이라고 생각했다.

그런데 글쓰기는 미술 작품보다 훨씬 더 직관적이며 직접적이고 무한한 상상을 펼쳐 낼 수 있는 매력적인 행위였다. 예전의 나는 하얀 캠퍼스에 앉아 그림을 그렸다면, 요즘의 나는 하얀 워드 파일에 그림을 그리듯 내 머릿속 그림들을 텍스트로 변환하고 있다.

글을 쓰기 시작한 지 2년이 지났다. 이 책은 그런 과정에서 나오게 된 것이다. 예전에 내가 그랬듯이 책 읽기를 어려워하는 사람들이 많다. 그리고 글을 쓰는 일은 더더욱 어려워한다. 감히 말하건대 독서와 글쓰기는 평범한 사람도 누구나 쉽게 할 수 있다. 단지 시도하지 않았을 뿐이라고 생각한다.

초보 운전은 누구에게나 쉽지 않은 일이다. 그런데 하다 보면 능숙하게 운전할 수 있게 된다. 한 번 익힌 운전은 죽을 때까지 할 수 있다. 운전을 하면 목적지에 쉽고 편하게 갈 수 있는 것은 당연하다. 독서와 글쓰기도 마찬가지이다. 처음이 어렵지, 몸에 익숙해지면 필요할 때 언제나 운전하는 것처럼 할 수 있다.

인생을 운전에 비유하자면 독서와 글쓰기는 운전대를 잡는 것과 같다. 운전할 줄 알고 운전석에 앉는 것과 운전할 줄 모르고 운전석에 앉는 것과는 천양지차(天壤之差)이다. 그만큼 독서와 글쓰기는 자신이 가고자 하는 목표를 더욱더 쉽고 빠르게 갈 수 있게 만들어준다.

독서와 글쓰기를 시작하는 데에는 나이 제한이 없다. 오늘 바로 시작하면 된다. 이 책을 읽는 여러분도 바로 지금부터 시작해 보기를 권한다.

이 책이 완성되면 또 다른 하나를 추가하고 싶다. 바로 그림 그리기이다. 미대를 나온 나지만, 다시 그림을 그려 보고 싶다는 생각을 항상 하고 있다. 잘 그린 그림 말고 그냥 내 멋대로 그린 그림을 그려 보고 싶은 것이다.

이제까지 나는 항상 잘 사는 것, 잘하는 것, 잘되는 것에 매몰되어 있었다. 잘 그려야 한다는 생각, 뭔가 좀 독특하고 스타일리시한 그림을 그리고 싶어서 연필이나 붓을 잡고도 캠퍼스에 점 하나 못 찍었다. 이제는 좀 내려놓고 막 그려 보고 싶어졌다.

나의 글쓰기 선생님께서 글을 막 쓰는 법부터 가르쳐 주신 것처럼 미술 전공자인 나는 그림을 막 그리며, 다시 그림을 그리고 싶다. 그리고 다음에 책을 낼 때는 글과 함께 그림도 넣고 싶다. 잘 쓴 글과 잘 그린 그림이 전부가 아니라는 걸 깨달았기에 내가 하고 싶은 것, 내가 할 수 있는 것에 집중하고 싶다.

그러한 시간은 누구를 위한 것이 아니라, 바로 나를 위한 시간이다. 그 누구도 나의 퀘렌시아를 평가할 수는 없을 것이다. 마음에 공허함이 있는 사람은 나처럼 책 한 권 집어 들길 권한다. 그리고 마음에 불안감이 있는 사람은 한 자 한 자 글을 써 보길 바란다. 그것들로 채워지지 않는 무언가가 있다면 그림을 그려 보길 바란다.

책은 누구나 읽을 수 있다. 글도 누구나 쓸 수 있다. 그림도 누구나 그릴 수 있다. 꼭 잘해야 할 이유는 없다. 내가 할 수 있는 만큼만 하면 된다.

그렇게 잘하지 않아도 된다고 생각하니

하고 싶은 것이 더 많아진다. ✦

/

진정한 가치를
위하여

　여자에게 결혼은 도박이 아니라 도전이다. 예전에는 '여자가 남자 만나 팔자 고친다.'라는 말을 많이 했다. 그러나 이제 그런 시대는 지났다. 우리나라 결혼 적령기의 여자 중에서 상당수가 결혼을 망설인다. 필수가 아닌 선택의 문제이기 때문이다.

　하지만 나는 결혼에 도전해 보기를 권한다. 도전은 그 자체로 아름답다. 그리고 결혼 후에 맞이하게 되는 행복은 인생을 더욱 가치 있게 만든다.

　물론 결혼이 인생 최고의 목표는 아니다. 결혼도 가치가 있지만, 여자에게는 여자만이 가지는 가치가 있다. 여자도 남자와 똑같이 꿈이 있으며, 그 꿈을 이룰 때 여자의 가치는 완성된다.

결혼했다고 해서 가정에 안주하기보다는, 끊임없이 도전하는 과정에서 삶이 더욱 충만해진다. 이것이 더 나은 자신의 모습을 꿈꾸며 새로운 것에 도전해야 하는 이유이다.

자신의 꿈을 이루기 위해 결혼을 하지 않겠다고 말하는 사람도 있다. 그러나 그렇기 때문에 성공한 인생은 반쪽짜리에 불과하다. 물론 어디까지나 관점의 문제겠지만, 삶의 기본이 가족이라는 것에는 이의를 제기하기 힘들 것이다.

가족의 사랑은 세상을 살아가는 튼튼한 기초가 된다. 기초가 튼튼하지 않은 건물은 부실하여 지진이 발생하면 쉽게 무너지고 만다. 마찬가지로 뿌리가 튼튼하지 못한 나무는 덩치가 아무리 클지라도 외로움이라는 태풍이 불면 뽑히기 마련이다.

이 책은 든든한 남편과 사랑하는 아들 시헌이와 시어머니, 그리고 나의 사랑하는 가족이 있었기에 쓸 수 있었다. 가족은 나에게 무엇보다 소중한 가치를 지닌다. 나의 가족들에게 지면을 빌려 진심 어린 감사의 말을 전한다.

결혼이 도전이라면 나의 도전은 성공했다고 말하고 싶다. 또한 책 쓰기에 도전하여 목표를 이루었다. 이것도 나에게는 새로운 도전이었다. 2년 전, 책을 처음 쓰기 시작할 때 막연했다. 나는 문학 전공자도

아니고, 글을 잘 쓰는 사람도 아니었다. 하지만 할 수 있다고 생각하고 포기하지 않으니 책 한 권을 탈고할 수 있었다.

N잡러인 나에게는 시간이 그리 많지 않았다. 게다가 책을 쓰면서 미술 치료 대학원이라는 새로운 도전도 병행하였다. 물리적으로도 시간의 한계가 있었다. 책을 쓰면서 느낀 점은 '마음만 있으면, 포기하지 않으면 꿈을 이룰 수 있다'는 것이다.

나의 도전은 여기에서 멈추지 않고 계속될 것이다. 여자의 도전은 아름답기 때문이다.

2023년 가을
카페 '이야기 끓이는 주전자'에서

Foreign Copyright:
Joonwon Lee   Mobile: 82-10-4624-6629

Address: 3F, 127, Yanghwa-ro, Mapo-gu, Seoul, Republic of Korea
             3rd Floor
Telephone: 82-2-3142-4151
E-mail: jwlee@cyber.co.kr

결혼하길 참 잘했다

2023. 10. 18. 초 판 1쇄 인쇄
2023. 10. 25. 초 판 1쇄 발행

지은이 | 박미향
펴낸이 | 이종춘
펴낸곳 | BM (주)도서출판 **성안당**
주소 | 04032 서울시 마포구 양화로 127 첨단빌딩 3층(출판기획 R&D 센터)
      | 10881 경기도 파주시 문발로 112 파주 출판 문화도시(제작 및 물류)
전화 | 02) 3142-0036
      | 031) 950-6300
팩스 | 031) 955-0510
등록 | 1973. 2. 1. 제406-2005-000046호
출판사 홈페이지 | www.cyber.co.kr
ISBN | 978-89-315-5296-6 (03190)
정가 | 18,000원

이 책을 만든 사람들
책임 | 최옥현
기획 | 윤창영
진행 | 정지현
교정 · 교열 | 신현징
본문 디자인 | 신묘순
표지 디자인 | 이대범
홍보 | 김계향, 유미나, 정단비, 김주승
국제부 | 이선민, 조혜란
마케팅 | 구본철, 차정욱, 오영일, 나진호, 강호묵
마케팅 지원 | 장상범
제작 | 김유석

■ **도서 A/S 안내**

성안당에서 발행하는 모든 도서는 저자와 출판사, 그리고 독자가 함께 만들어 나갑니다.
좋은 책을 펴내기 위해 많은 노력을 기울이고 있습니다. 혹시라도 내용상의 오류나 오탈자 등이
발견되면 "좋은 책은 나라의 보배"로서 우리 모두가 함께 만들어 간다는 마음으로 연락주시기
바랍니다. 수정 보완하여 더 나은 책이 되도록 최선을 다하겠습니다.
성안당은 늘 독자 여러분들의 소중한 의견을 기다리고 있습니다. 좋은 의견을 보내주시는 분께는
성안당 쇼핑몰의 포인트(3,000포인트)를 적립해 드립니다.

잘못 만들어진 책이나 부록 등이 파손된 경우에는 교환해 드립니다.